WILHELM REICH
E SABERES INSURGENTES

CIP-BRASIL. CATALOGAÇÃO NA PUBLICAÇÃO
Angélica Ilacqua CRB-8/7057

W668   Wilhelm Reich e saberes insurgentes / organizado por João da Mata. -- São Paulo : Summus Editorial, 2024.
240 p. ; 14 x 21 cm

ISBN 978-65-5549-147-0

1. Reich, Wilhelm, 1897-1957 2. Psicoterapia corporal 3. Análise reichiana I. Mata, João da

24-3465   CDD 150.195

www.summus.com.br

Compre em lugar de fotocopiar.
Cada real que você dá por um livro recompensa seus autores
e os convida a produzir mais sobre o tema;
incentiva seus editores a encomendar, traduzir e publicar
outras obras sobre o assunto;
e paga aos livreiros por estocar e levar até você livros
para a sua informação e o seu entretenimento.
Cada real que você dá pela fotocópia não autorizada de um livro
financia o crime
e ajuda a matar a produção intelectual de seu país.

João da Mata
(ORG.)

WILHELM REICH
E SABERES INSURGENTES

summus editorial

WILHELM REICH
E SABERES INSURGENTES
Copyright © 2024 by autores
Direitos desta edição reservados por Summus Editorial Ltda.

Editora executiva: **Soraia Bini Cury**
Preparação de texto: **Nilma Guimarães
e Samara dos Santos Reis**
Revisão: **Janaína Marcoantonio**
Capa: **Delfin [Studio DelRey]**
Projeto gráfico: **Crayon Editorial**
Diagramação: **Pablo Moronta**

Summus Editorial
Departamento editorial
Rua Itapicuru, 613 – 7º andar
05006-000 – São Paulo – SP
Fone: (11) 3872-3322
e-mail: summus@summus.com.br

Atendimento ao consumidor
Summus Editorial
Fone: (11) 3865-9890

Vendas por atacado
Fone: (11) 3873-8638
e-mail: vendas@summus.com.br

Impresso no Brasil

Ao Paulo Albertini,
por seu amor ao estudo e à difusão
do pensamento reichiano no Brasil.

Sumário

Apresentação   9
João da Mata

1. Wilhelm Reich e a psicanálise: contribuições   13
Claudio Mello Wagner

2. Reich e a cultura: por uma crítica à vida economizada   25
Simone Aparecida Ramalho

3. Wilhelm Reich, história e narrativa autobiográfica   41
Juniele Rabêlo de Almeida

4. Wilhelm Reich, corpo e sociabilidades libertárias   63
João da Mata

5. Reich e os anarquismos   91
Edson Passetti

6. Reich e *queer* de uma perspectiva libertária   117
Flávia Lucchesi

7. Reich e a biologia   141
Ricardo Amaral Rego

8. Liberdade, autorregulação e política sexual em Wilhelm Reich   161
Cassio Brancaleone

9. Reich e educação   177
    Sílvio Gallo

10. Revolução e moral sexual: dissidência e lutas libertárias a partir dos escritos de Reich   193
    Acácio Augusto

11. Contribuições da economia sexual reichiana para as filosofias   209
    José Vicente Carnero

12. Wilhelm Reich: passado, presente e futuro   219
    Dante Moretti

Apresentação

JOÃO DA MATA

Wilhelm Reich foi um psicanalista singular. Desde sua precoce adesão ao meio psicanalítico, já relativamente consolidado, passando pela ênfase aos estudos em torno da sexualidade, até o aberto engajamento político, sua obra carrega o laivo de um visionário que apostou na vida como um evento pungente e vibrante. Afeito ao que acontece no ato, partiu para a ação em busca de fazer emergir uma nova sociedade, diferente daquela em que viveu, e observou ser esta produtora das mais agudas mazelas na qualidade de limitadora das potências de existir.

Este livro compreende uma proposta inédita. Apesar de haver um considerável número de publicações em torno da obra reichiana, temos aqui uma constelação de pesquisadores que se desdobram em articular o pensamento e a obra de Reich com diferentes campos do saber, extrapolando, para isso, os contornos da psicologia e da psicanálise. Distante de esgotar os temas aqui expostos, o livro que você tem em mãos é o esforço de estabelecer essas conexões de maneira inaugural.

Além da direta relação com a psicanálise, os demais capítulos instauram diálogos com a biologia, a política, a sociologia, a filosofia, a educação e uma série de outros saberes, os quais, cada um a seu modo e em momentos específicos, estiveram presentes nos estudos de Reich. Sua tentativa, como ficará evidente ao longo do livro, foi conceber a experiência humana a partir de uma dimensão biopsicossocial e mostrar como a existência pulsa atravessada por um conjunto de forças que operam em seu encontro com o mundo. Em cada um dos 12 capítulos que compõem o livro, um campo problemático em destaque é trazido como forma de evidenciar as aproximações efetuadas por Reich e os saberes insurgentes.

Nosso desafio foi reunir pessoas que não estavam necessariamente no âmbito das práticas *psi*, mas que aceitaram a provocação para pensar como a obra reichiana conversa com suas áreas de pesquisa. Isso traz ao livro um olhar crítico: o que está em questão não é reverenciar a figura de Wilhelm Reich, mas mostrar os tensionamentos possíveis em sua obra, como podemos compreendê-la nos dias de hoje e sua pertinência para a clínica na atualidade. Dessa forma, os capítulos versam sobre temas que surgem em diferentes momentos, conectados com as análises em questão, e possibilitam uma leitura não linear do sumário.

O interesse pela obra reichiana e por seus desdobramentos em diferentes práticas clínicas tem crescido à medida que sua obra se torna mais difundida. Ainda assim, Reich continua sendo um autor pouco estudado nas formações em psicologia e psicanálise. Quase sempre, busca-se conhecê-lo e aprofundar os estudos de sua obra em formações complementares. Entre os cânones da psicologia, o dissidente da ortodoxia psicanalítica ainda é visto ora como gênio, ora como louco. Aqui, o Reich reivindicado é aquele iconoclasta, rebelde, afeito às transformações sociais, que por vezes se aproxima das análises libertárias.

Ao trazer a corporeidade à cena terapêutica, assim como relacionar os fenômenos emocionais às práticas sociais e políticas de determinado tempo, Wilhelm Reich passa a ocupar um lugar fundamental na compreensão do comportamento humano e de suas interfaces com a sociedade, visto que estes constituem temas urgentes e necessários.

Esperamos que a leitura deste livro possa fazer sacudir acomodações e despertar o interesse por uma psicologia que anda ao lado da leitura crítica das práticas de poder e de suas incidências no funcionamento emocional e somático dos indivíduos. Foi assim que o inquieto Reich construiu seus percursos e criou suas rotas intelectuais, sempre atento às forças reativas que tentam apaziguar a revolta da carne. Sua luta por ver surgir uma existência liberada das amarras e das convenções sociais, que, a despeito da passagem do tempo, insistem em permanecer presentes entre nós, continua atual.

1. Wilhelm Reich e a psicanálise: contribuições

CLAUDIO MELLO WAGNER

"Inaugurada" oficialmente em 1900, com a publicação do livro *A interpretação dos sonhos*, de Sigmund Freud, a ciência psicanalítica continua gozando de um prestígio crescente, seja no campo das artes (literatura, cinema, teatro etc.), seja no campo científico, dialogando com a antropologia, a sociologia, a psiquiatria e, atualmente, as neurociências.

Nesses mais de 100 anos de percurso, a psicanálise recebeu e segue recebendo uma série de aportes e contribuições nos planos teórico e na prática clínica. O aprofundamento e o detalhamento a respeito do funcionamento e da dinâmica psíquica de alguns casos de psicopatologia têm lançado luz sobre problemas até então considerados difíceis ou até mesmo inabordáveis. Exemplos disso são os estudos e casos clínicos a respeito das dinâmicas de psicoses, perversões, personalidade *borderline* e transtorno do espectro autista, entre outras.

Existe, porém, um aspecto importante a ser explicitado: a psicanálise é considerada, popularmente, uma ciência monolítica pronta e acabada. Já vimos que não é bem assim e que esta evolui e recebe inúmeras contribuições. Cabe aqui ressaltar que a psicanálise não é uma teoria, mas um conjunto de teorias que formam seu arcabouço, ou seja, seus pilares fundamentais. Vale destacar dois pontos a respeito.

Freud foi pioneiro no campo da psicologia profunda e fundador da psicanálise. Suas pesquisas e construções teóricas não cessaram de evoluir ao longo de sua extensa obra. Seria esperado encontrarmos algumas lacunas, reformulações e contradições teóricas nesse percurso. Ilustração disso são as diferentes formulações a respeito das pulsões (de autoconservação, sexuais, de vida e de morte) e as diferentes dinâmicas e relações entre o Eu e as outras instâncias psíquicas (Id, Supereu, Ideal de eu).

O segundo ponto, decorrente do primeiro, é a possibilidade de se realizarem recortes e se enfatizarem determinados aspectos das distintas formulações contidas na obra freudiana. É nessa perspectiva que vemos surgirem diferentes escolas de psicanálise a partir de Freud. Assim, Melanie Klein elege alguns textos freudianos e desenvolve suas teorias e práticas clínicas. Do mesmo modo, Jacques Lacan desenvolve suas teorizações a partir de alguns pontos referenciais de Freud. Assim também Donald Winnicott e as escolas psicanalíticas de psicossomática. Em síntese, essas diferentes abordagens psicanalíticas têm em comum a referência às principais e fundamentais teorias psicanalíticas, a saber: teoria da sexualidade infantil; teoria sobre o inconsciente dinamicamente reprimido; teoria da repressão; teoria do complexo de Édipo e teoria da transferência.

Desse ponto de vista, seria plausível considerarmos a psicanálise reichiana uma psicanálise das intensidades?

Wilhelm Reich, aluno, discípulo e colaborador de Freud, ingressou no movimento psicanalítico em 1920 e teve uma atuação intensa até 1934, ano de sua expulsão da Associação Internacional de Psicanálise (International Psychoanalytical Association, IPA). Ao longo desses 14 anos, Reich deu contribuições importantes tanto para a prática clínica como para a teoria psicanalítica. Seus principais focos de interesse diziam respeito à técnica psicanalítica e à importância da sexualidade no desenvolvimento psíquico humano normal e patológico.

Uma pequena observação se faz necessária. Muito embora Reich tenha feito um longo percurso científico até sua morte, em 1957, buscando o diálogo e as conexões entre os diferentes campos do saber — como a psicanálise, a medicina, a biologia, a sociologia, a antropologia, a física etc. —, neste breve artigo enfocaremos apenas suas contribuições referentes à psicanálise *stricto sensu*. Os demais capítulos do presente livro contemplam o leitor com essas outras conexões.

A técnica psicanalítica

Desde seus primeiros anos como psicanalista, Reich deu atenção especial à técnica de análise. Ele indagava como uma teoria tão consistente obtinha resultados práticos tão pífios. Na época em questão, a técnica ainda engatinhava, pois não dispunha de uma sistemática e de um ordenamento do material psíquico emergente. Interpretava-se imediatamente, sem se considerar de qual camada ou extrato do inconsciente brotava tal ou qual material.

Outra dificuldade partilhada pelos psicanalistas de então era o enfrentamento das transferências negativas dos pacientes. Muitos temiam e não sabiam como interpretar essas atuações resistenciais. E, além dessas, havia outra resistência bastante recorrente nos processos de análise: o silêncio do paciente. Cabia ao analista aguardar alguma manifestação do analisando, não sendo recomendado realizar qualquer intervenção. As dificuldades antes citadas, quando não ultrapassadas, levavam a interrupções e desistências do processo analítico, não raras naqueles tempos iniciais.

Foram ao menos essas dificuldades que Reich procurou enfrentar tendo como projeto uma técnica de análise sistemática que fosse capaz de superar esses obstáculos e possibilitasse um melhor fluxo dos conteúdos do inconsciente para a consciência. Com o aval de Freud, propôs, em 1922, os seminários de técnica e discussão de casos clínicos. De 1924 a 1930, foi o diretor desses seminários, até o ano de sua mudança de Viena para Berlim.

A análise das resistências

Já nos primeiros atendimentos como psicanalista, Reich notou que a maioria dos analisandos não conseguia seguir a regra fundamental de associação livre preconizada por Freud. Surgiam inibições, angústia, silêncio, sono, entre outras, mas essas resistências já eram conhecidas. Entretanto, como dito pouco acima, não eram focadas com o necessário rigor. Reich se propôs a enfrentar, digamos assim, as resistências, abandonando a postura passiva de espera. Essa nova postura na cena analítica consistia em sinalizar ao paciente que a atitude deste era uma forma de defesa contra o processo analítico. Nesses termos, o objetivo primeiro era o de trazer à consciência a existência de uma resistência.

O segundo passo dessa análise era explicitar como (de que modo específico) o paciente se defendia. Esse era, e continua sendo, o ponto crucial para o prosseguimento ou para a interrupção da análise. Isso porque as defesas são reações automáticas e típicas quando o sujeito sente uma ameaça à sua integridade psíquica. É, portanto, com a análise e a interpretação do significado da forma apresentada na resistência que se pode dar continuidade ao processo analítico.

Seguindo o processo de uma análise sistemática das resistências, a ideia de Reich era de que o terceiro passo pudesse, então, ser feito de forma simples, ou seja, permitisse aflorar os conteúdos do inconsciente contra os quais as resistências, em suas variadas formas, atuavam. Entretanto, isso não acontecia de forma linear. Reich constatava que determinada resistência estava entrelaçada a uma rede de outras resistências de pesos e contrapesos.

A análise da transferência

Cabe ressaltar aqui uma importante teoria psicanalítica a respeito do acontecer psíquico: a teoria do inconsciente dinamicamente reprimido. Foi a partir de casos clínicos e de sua autoanálise que Freud constatou a existência de um inconsciente — e, mais que isso, de um inconsciente dinamicamente ativo, porém reprimido. A novidade não estava na constatação da existência de um inconsciente, uma vez que vários outros pensadores já haviam tratado desse tema. A novidade apresentada por Freud era que o inconsciente estava em constante atividade e, quase sempre, em conflito com forças advindas de outras instâncias (Eu, Supereu e realidade externa).

Assim, Freud considerava que os conteúdos do inconsciente permaneciam carregados dos afetos que não puderam ser tramitados, sobretudo das cenas infantis. Fosse por repressão, fosse por frustação ou inibição, esses conteúdos continuavam (e continuam) em busca de realização. Seguindo as orientações do mestre, Reich focou a análise das resistências na cena transferencial analítica.

A análise do caráter

O conceito de caráter já existia na literatura psicanalítica antes de Reich. Todavia, dizia respeito apenas a indivíduos sem um quadro psicopatológico definido, como histeria, neurose obsessiva e afecções psicossomáticas. A grande contribuição de Reich nesse sentido foi a de considerar o caráter uma estrutura formada no Eu dos indivíduos, fossem eles ditos saudáveis, fossem sintomáticos. Elaborou uma escala de referência teórica partindo do caráter genital (o caráter maduro em Freud) até chegar ao caráter neurótico. Nessa escala, cada pessoa teria o caráter estruturado de forma mais rígida ou mais flexível, dependendo das variáveis existentes em sua formação infantil.

Para Reich, o caráter de uma pessoa se estrutura ao longo de suas experiências afetivas desde a fase oral até a fase fálica, quando se cristaliza, por assim dizer, com a resolução do complexo de Édipo. Nesse sentido, dá-se muita importância não só ao que a criança experiencia ao longo de seu desenvolvimento, mas a como ela o faz. Dito de outro modo, é a intensidade dos afetos nas relações da criança com seu meio social (pais, educadores etc.) que vai influenciar, em maior ou menor grau, a formação do caráter.

Ainda a respeito da importância do ambiente no desenvolvimento orgânico e psíquico, a epigenética tem demonstrado a interferência de variáveis ambientais capazes de disparar — ou inibir — potenciais genéticos e transmitir geracionalmente novos aprendizados. As neurociências também atestam a capacidade neuroplástica do cérebro, com seus potenciais adaptativos.

A função do orgasmo

Entre as várias teorias propostas por Freud, a que mais sofreu resistência e rechaço foi a da sexualidade infantil. Tema tabu à época, essa teoria permanece ainda um tanto mal compreendida. Em Freud, a sexualidade não se restringe ao sexo; está apoiada em uma lei da biologia segundo a qual toda excitação interna de um organismo vivo necessita ser desfeita por meio de uma ação, resultando em uma satisfação (princípio do desprazer–prazer). No ser humano, as excitações corporais (pulsões sexuais) fornecem o substrato de energia (libido) para o funcionamento do psiquismo. Esse é, em síntese, o modelo teórico pulsional proposto por Freud.

Convicto de que a sexualidade era peça-chave na compreensão do acontecer humano, Reich encontrou em Freud a teoria que orientaria seus estudos, pesquisas e práticas clínicas. Ele privilegiou o aspecto econômico (quantidade de cargas afetivas, seus deslocamentos, tramitações e retenções), uma vez que considerava as dimensões tópica e dinâmica suficientemente bem estabelecidas. Naturalista, Reich via no conceito de libido mais que uma abstração teórica: acreditava se tratar de uma energia com expressão bioquímica tangível.

A elaboração do conceito da função do orgasmo, entendido como a capacidade de entrega sem restrições na relação amorosa, foi realizada inicialmente com base nos processos analíticos de seus pacientes. Reich só conduziu pesquisas laboratoriais em fisiologia e biologia a partir de 1934, ano em que se instalou na Escandinávia, tendo chamado sua nova descoberta de bioenergia.

Como vimos, Reich não adotava uma postura clássica de espera. E, diferentemente de uma tendência da época de desvincular a sexualidade bloqueada dos quadros de perturbações psicopatológicas, ele se manteve firme na convicção de que estase libidinal e sintomas estavam relacionados. Para esses analistas, o fato de o paciente ter uma vida sexual significava que as neuroses não tinham necessariamente uma fonte e uma origem sexuais. Reich não se contentava com um sim ou não da resposta dada pelo paciente: investigava o que se passava na subjetividade do ato. E foi encontrando vários tipos de insatisfação: ejaculação precoce, dores de vaginismo, fantasias sadomasoquistas, nojo e vergonha, entre outras.

Ao focar a análise de caráter no aspecto econômico do fluxo energético e em seus entraves, Reich estabeleceu a relação entre o caráter como mecanismo de defesa e a dificuldade de entrega no ato amoroso. Dito de outro modo, para que a entrega aconteça o caráter precisa renunciar ao controle egoico a fim de que a função natural convulsiva do orgasmo possa fluir. Assim como em Freud, as psicopatologias têm íntima relação com o complexo de Édipo, e para Reich esses quadros são resultantes das estases energéticas.

Psicanálise e política

Até os anos 1930-1940, o centro de referência da civilização ocidental se restringia praticamente à Europa ocidental. Dessa forma, Reino Unido, França, Alemanha e Áustria formavam o eixo de irradiação de cultura, ciências, economia e política. A partir do fim da Primeira Guerra Mundial, respirou-se um ar de renovação com a esperança de uma sociedade mais equilibrada e menos bélica. A social-democracia floresceu, mas encontrou oposição crescente de movimentos nacional-socialistas. Os conflitos político-ideológicos se tornaram acirrados e tomaram proporções violentas, culminando com a ascensão do nazismo, em 1933, na Alemanha, com sua máquina de extermínio. Como a psicanálise (e o movimento psicanalítico) se posicionou em relação a esses eventos?

É preciso recordar alguns pontos caros da ciência psicanalítica. Como vimos, a teoria do desenvolvimento psicossexual considera a maturação do ser humano um processo de fases (oral, anal, fálica e genital). Também como já foi assinalado, a formação do caráter se dá como um precipitado das experiências emocionais vivenciadas em cada uma das fases. Isso significa dizer que o meio social (pais, educadores e seus valores culturais) tem influência determinante na formação da personalidade de cada indivíduo.

Em suas primeiras teses, Freud atribuía os quadros psicopatológicos ao conflito entre as forças sexuais do sujeito e uma sociedade sexualmente repressora. Os sintomas eram o resultado desses conflitos. Essa era a pedra de toque da psicanálise.

Além de Freud, muitos psicanalistas eram judeus e começaram a ser perseguidos pelos nazistas. Diante de tal situação, o movimento psicanalítico (por meio da IPA) adotou uma postura de neutralidade e discrição, na esperança de que a onda nazista tivesse uma breve existência. Como sabemos, não foi esse o caso.

Reich ainda não tinha 39 anos de idade quando começou a se interessar por sociologia e política. Partidário da tese inicial do mestre sobre o conflito sexualidade *versus* cultura, começou a militar em movimentos sociais e políticos, articulando psicanálise e política, corrente que ficou conhecida como freudo-marxismo. Esse seu ativismo chamava demasiada atenção, fato que preocupava enormemente Freud e o movimento psicanalítico.

Vários outros analistas também participaram de movimentos e clínicas de atendimento social para a população de baixa renda. Com a escalada da violência nazista, esses profissionais eram orientados a se recolher a seus consultórios particulares. Reich manteve o ativismo e tornou-se mais e mais isolado do movimento psicanalítico, culminando com sua expulsão em 1934. Migrou para a Escandinávia, onde iniciou suas pesquisas em biologia e fisiologia sobre o princípio pulsátil do vivo e as interações deste com o ambiente externo.

Uma psicanálise reichiana

Ao se realizar uma breve síntese do exposto até aqui, temos algumas considerações.

As várias linhagens psicanalíticas partilham, em essência, dos pressupostos teóricos fundamentais do legado de Freud, a saber: as teorias da sexualidade infantil, do inconsciente, da repressão, do complexo de Édipo e da transferência. Cada uma dessas escolas privilegia certos recortes e acrescenta alguma contribuição ao corpo da ciência psicanalítica.

Reich, um entusiasta da psicanálise, foi considerado por seus pares um discípulo brilhante do mestre. Em virtude de seu engajamento em movimentos sociais e políticos, foi expulso da IPA em 1934. Porém, mesmo afastado da instituição, não renegou a ciência psicanalítica.

Ao longo de seu extenso percurso científico, Freud enfrentou inúmeros debates e questionamentos a respeito de suas teorias. Fosse com médicos, fosse com filósofos ou psicanalistas, sempre apresentou seus argumentos com artigos e textos de cunho científico, citando nominalmente seus contendores. Carl Gustav Jung e Alfred Adler são alguns dos debates bem conhecidos.

A convicção de Reich a respeito da genitalidade como fator determinante para um psiquismo saudável (o caráter maduro em Freud) nunca foi contestada pelo mestre de forma científica, visto que Freud jamais citou Reich em seus textos.

Com a técnica de análise das resistências e análise do caráter, Reich constatou as fantasias inconscientes dos pacientes, as quais impediam a entrega às relações amorosas. Posteriormente, ampliou o conceito de entrega para as relações com a sociedade, com o trabalho criativo e com a produção artística.

Em virtude de sua técnica ativa e provocativa, estabeleceu estreita relação entre as reações emocionais e as expressões corporais de seus pacientes. Raiva, tristeza e angústia, entre outras, eram acompanhadas de expressões corporais. Essa foi a porta de entrada para o desenvolvimento de seu trabalho com o corpo: a vegetoterapia de análise do caráter.

Muito embora alguns autores considerem a abordagem corporal desenvolvida por Reich uma ruptura com relação à psicanálise, seu intuito foi desenvolver uma técnica que pudesse agilizar o processo analítico.

A análise do caráter não é um fim em si, pois se trata de uma técnica que visa abordar as resistências ao trabalho analítico. Assim, as construções teóricas da psicanálise continuam válidas e imprescindíveis na elaboração dos conteúdos simbólicos do inconsciente.

Referências

ALBERTINI, Paulo. *Na psicanálise de Wilhelm Reich.* São Paulo: Zagodoni, 2016.

FREUD, Sigmund. *La interpretación de los sueños.* Tradução de José L. Etcheverry. Buenos Aires/Madri: Amorrortu, 1987. v. 2.

_____. *Tres ensayos de teoría sexual.* Tradução de José L. Etcheverry. Buenos Aires/Madri: Amorrortu, 1987. v. XIV.

_____. "Introducción del narcisismo". In: *Obras completas.* Tradução de José L. Etcheverry. Buenos Aires/Madri: Amorrortu, 1987.

_____. *El Yo y el Ello.* Tradução de José L. Etcheverry. Buenos Aires/Madri: Amorrortu, 1987.

MELO, Felipe Salgado Machado. *A vegetoterapia de Wilhelm Reich na contemporaneidade.* Curitiba: Appris, 2023.

REICH, Wilhelm. *Passion de jeunesse.* Tradução de Dominique Petit. Paris: L'Arche, 1989.

_____. *O caráter impulsivo.* Tradução de Maya Hantower. São Paulo: WMF Martins Fontes, 2009.

_____. *Análise do caráter.* Tradução de Maria Luiza Branco. São Paulo: Martins Fontes, 1995.

_____. *A função do orgasmo.* Tradução de Maria da Glória Novak. São Paulo: Brasiliense, 1975.

WAGNER, Claudio Mello. *Freud e Reich — Continuidade ou ruptura?* São Paulo: Summus, 1996.

_____. *A transferência na clínica reichiana.* 2. ed. São Paulo: Summus, 2022.

2. Reich e a cultura: por uma crítica à vida economizada

SIMONE APARECIDA RAMALHO

De início, é preciso afirmar que a obra de Wilhelm Reich, tecida de modo intenso em diversos campos do conhecimento e de atividade, carrega a marca de uma vigorosa crítica cultural, em companhia dos grandes pensadores que se dedicaram a interrogar os labirintos do existir na primeira metade do século 20 e, sobretudo, a rastrear esperanças de liberdade para a miséria humana e a barbárie engendradas pela sociedade ocidental, patriarcal e capitalista.

Reich está inserido em uma tradição libertária e apoiado em bases filosóficas que sustentaram sua aposta na defesa da vida ampla e justa, contra tudo que pudesse contê-la e apequená-la. Em sua obra, encontramos o desejo constante de criticar e transformar as condições sociais, materiais, subjetivas e culturais que concorriam para diminuir nosso autogoverno, já que sua postura sempre foi de confiança na inteligência da pulsação da vida, em sua própria defesa e capacidade de autorregulação. Como um fio vermelho, encontramos tal característica com expressiva coerência em seus escritos, em tempos históricos diversos, quer estivesse engajado em temas da saúde, da sexualidade, da educação, da física, da militância política, da biologia, da pesquisa científica ou da clínica.

Como pensador que viveu de modo visceral os temas de sua época, é notório que as ideias reichianas, na perspectiva da crítica cultural, se revelem circunscritas, já que encharcadas das questões de determinado tempo, de dada ordem societária e de certo modo de viver — como, enfim, é a obra de todos os cientistas que não se propõem a estar fora e acima do mundo.

Porém, tenho apostado que a força do pensamento reichiano pulsa e chega até nós em uma perspectiva trans-histórica, exatamente pelas perguntas que somos convocados a fazer ao tomar contato com a *lógica* de seu pensamento imperativo, que favorece a proximidade entre os desafios de nosso tempo e as provocações legadas por Reich no âmbito da cultura. Além disso, por se tratar de um autor de vanguarda, muitos dos enigmas formulados por Reich seguem delimitando problemas que ainda povoam enredos contemporâneos, como fios que foram lançados nos primórdios do projeto da modernidade ocidental e, mesmo que embaralhados ou travestidos em outras formas no presente, mantêm seu vigor — como é o caso da produção dos fascismos e do combate a eles. Assim, se encontramos atualidade no pensamento reichiano em muitos de seus trabalhos específicos, é no espectro das formulações de sua psicologia política, elaborada em meados dos anos 1930 (Ramalho, 2009), que residem valiosos convites para pensar *com Reich* nossos embaraços do agora.

Este capítulo objetiva, a partir do horizonte crítico deixado pela psicologia política reichiana, pensar nos nexos que articulam cultura, política e produção de subjetividades. O texto foi empreendido em uma trajetória de pesquisa[1] interessada no que tenho chamado de *crítica da vida economizada*, em que a ética da intensidade que emana do pensamento reichiano e a afirmação da alegria de viver figuram como janelas luminosas em tempos sombrios — como foram os de Reich e como ainda são estes em que vivemos. Assim, comecemos pelas estratégias para diminuir nossa potência vital como motor da violência e da heteronomia.

No cerne da psicologia política reichiana, encontramos o enfrentamento de uma perplexidade. Reich (1974) inicia seu clássico *Psicologia de massas do fascismo* interrogando como o povo alemão, na encruzilhada histórica entre socialismo e barbárie, opta pela violência e pelo jugo, mesmo diante de todos os requisitos objetivos previstos para que ali se realizasse a segunda revolução socialista. Para Reich, não seria difícil compreender por que um povo se rebela contra circunstâncias desfavoráveis, mas compreender o oposto, por que não nos revoltamos contra contextos de tirania e injustiça, requereria amplos esforços de entendimento por parte da ciência. Ou seja, se aqui encontramos um chamado para reconhecermos a força que habita processos como o fascismo, na esteira de uma tradição de pensamento que se ocupava de estranhar o fenômeno da servidão voluntária, também já havia o chamado para que nos debruçássemos sobre as capturas que a ordem social vigente nos oferece como possibilidade de destino e, o que é mais importante, para que buscássemos saídas transformadoras.

---

[1]. As ideias que aqui apresentamos foram originalmente elaboradas em Ramalho, 2010.

Em seu esforço para compreender esse estranho fenômeno — a servidão consentida —, Reich analisa como a estrutura social produz condições subjetivas para manter a dominação, concorrendo para domesticar as forças pulsionais. Ao manter sistemática e permanentemente pessoas insatisfeitas, essa mesma estrutura social produziria, a um só tempo, indivíduos fracos e famintos por satisfações substitutivas, ponto de ancoragem das ideologias autoritárias. Estaria desvelada, assim, a forma pela qual "cada sociedade produz os tipos de caráter que necessita para a sua manutenção" (Reich, 1995). No estudo de sua obra, pude compreender que dela derivam duas importantes perguntas, como desenvolvi em estudos anteriores (Ramalho, 2009).

Se a produção da miséria subjetiva é utilizada como tática na manutenção de determinada ordem social — pois se oferece como alimento para um sistema de relações sociais que produz sujeitos enfraquecidos, com sua potência diminuída, e prepara um solo fértil para a servidão e para a violência —, é inevitável se perguntar, seguindo a trilha do pensamento reichiano: que estratégias poderiam se constituir como mediadoras nesse processo, a favor de outras forças que não o favorecimento da mortificação, mas da mudança de uma ordem social violenta?

Nessa ordem de problemas, emerge mais uma aguda provocação reichiana: se a força dessa engrenagem é incontestável, como entender que, mesmo sob tais condições sociais que concorrem para a miséria subjetiva, encontramos milhares de pessoas que, negligenciadas culturalmente, materialmente exploradas e arruinadas psiquicamente, lutam para determinar sua existência em busca da felicidade, muitas ainda encontrando forças para resistir à dominação? (Reich, 1994).

É sempre necessário lembrar que, no horizonte conceitual e filosófico em que opera o pensamento reichiano, as pessoas não são tomadas como naturalmente secas, servis, fracas ou antissociais. Ao contrário, assim haviam se constituído no encontro com os cenários levados a cabo pelos modos de funcionar da sociedade ocidental, patriarcal e capitalista. Mas ocorre que "condições acidentais ou socialmente determinadas" produziriam a possibilidade de algumas brechas de saúde e, talvez, de resistência. Assim como Reich nos adverte para a urgência de reunir esforços de pesquisa científica sobre as bases subjetivas do mistério da servidão consentida, somos convocados a pensar por outro ângulo quando nos lembramos de que há uma infinidade de pessoas que conservam a saúde em meio às condições estruturais (Reich, 1994). Logo, quais seriam as forças capazes de transformar algo que parece ser uma circularidade mortífera em algo que teria mais características de paradoxo no jogo social e traria a chance de novas aberturas? Além disso, como Reich sugere, esse movimento, em vez de ser caracterizado como uma luta entre uma existência de violência e dominação e a imagem do paraíso, não poderia ser a luta por alegria possível?

É notório, como tenho dito, que o projeto científico reichiano procura analisar inúmeros aspectos da existência, perseguindo a gênese da produção do sofrimento e da contenção na moral e na cultura, na educação, nas relações sociais. Contudo, penso que podemos mirar esse traço da obra reichiana também por outra perspectiva — pelos movimentos de afirmação da vida e de sua sabedoria em busca da felicidade terrena, do prazer viável ou, como Reich expressa em inúmeras passagens, na afirmação da alegria de viver. Segundo esse enfoque, lutar contra o sofrimento reaparece como a luta contra as práticas "negadoras da vida" (Bedani e Albertini, 2009) e, sobretudo, a partir dos aportes de sua psicologia política, reaparece também como a luta pela emancipação, em que o fortalecimento da alegria emerge como caminho revolucionário.

Para apoiar esses rumos argumentativos, volto a evocar a gênese do pensamento reichiano, que teci em outros trabalhos (Ramalho, 2010). Conforme Albertini (1997), as filiações filosóficas que sustentam a positividade de Reich em relação à vida seriam Giordano Bruno, Jean-Jacques Rousseau e Henri Bergson. Mas a associação que o autor faz da obra de Reich ao humanismo renascentista, no que se refere à alegria, é particularmente interessante. Ao reconhecer que, entre essas matrizes filosóficas, a obra reichiana é gerada no interior da psicanálise freudiana, embora guarde em relação a esta diferenças fundamentais, Albertini (1997) segue uma linha de pensamento que também encontra, na própria psicanálise, esse espírito do Renascimento e propõe discutir como Reich teria se posicionado em referência ao humanismo psicanalítico.

Em um período de radicais mudanças sociais, como o nascimento do capitalismo comercial, a revolução burguesa, o desenvolvimento das cidades e a perda do monopólio da Igreja como poder e como matriz explicativa, o humanismo burguês virá romper de forma decisiva com a ideologia medieval em dois aspectos fundamentais: a valorização do ser humano e de sua razão como faculdade diretora da ação no mundo; e a reafirmação do prazer e do hedonismo, sufocados pelo imperativo de ascese levado a cabo pela Igreja ao manter uma política negadora dos prazeres profanos. É importante destacar que, se pelo enaltecimento da razão surgem as bases da ciência moderna, em que o ser humano, não mais submetido às leis da natureza, se colocou como dela participante e nela interveio por intermédio do conhecimento, também pudemos reivindicar o direito ao prazer, à boa vida na Terra e ao reencontro com a alegria.

Como se sabe, tal caminho, em que as ambiguidades que destacamos ainda poderiam coexistir de alguma forma, ganhará outros contornos. A importância do ser humano e de sua razão construída no Renascimento se transformará em um autocentramento no eu e na consciência. Com a tradição filosófica consecutiva, a razão passará a ser o centro e a medida de todas as coisas (Birman, 2006). Por óbvio, é preciso dizer, essas marcas das metamorfoses modernas estiveram a serviço da materialização da economia capitalista e de corpos em consonância com os novos tempos, que, exatamente no trabalho de se individuarem, tiveram de romper com as relações sociais que, outrora, lhes davam condições de existência coletiva, para se fazerem trabalhadores, ou seja, terem suas forças vitais destinadas, administradas e controladas em benefício da engrenagem capitalista.

Para Birman (2006), se a modernidade pode ser descrita em linhas gerais pelos fundamentos apresentados antes, há que se considerar, no entanto, que em seu bojo foram gestados saberes que se constituíram como a própria consciência crítica desse período, movimento denominado modernismo. E aqui reencontramos a psicanálise freudiana, que, no final do século 19, trará mais uma vez à baila a complexidade dos jogos entre razão e não razão como constitutivos do humano — e o fará "à moda modernista", ao operar uma crítica à modernidade, valendo-se para isso das mesmas categorias de pensamento de sua época, mas, de certa forma, também as subvertendo. Vejamos como Reich se relaciona com esse movimento.

Segundo Albertini (1997), mesmo que Freud tenha revelado nossa dimensão instintiva, o que lhe confere pertencimento à atmosfera renascentista, suas escolhas recaíram sobre a necessidade de governo racional das pulsões, que, ao final de sua obra, figuravam como um risco ao pacto civilizatório. Logo, deveriam ser conduzidas à frustração, o que teria levado o projeto freudiano a resignar-se diante da infelicidade inevitável e do mal-estar na cultura. Bebendo das fontes iniciais da psicanálise freudiana, Reich, de maneira contrária, se posicionará de forma original diante dos dois polos caros ao Renascimento — a razão e o prazer — ao afirmar que maiores possibilidades de satisfação pulsional são o ideal para manter sociabilidades pacíficas, para criar cultura e para fortalecer laços civilizatórios.

> Reich vai lutar, com toda a sua força, pela possibilidade de o prazer ser vivido da forma mais plena possível. A seu ver, sem uma vida satisfatória, o homem se torna destrutivo e a razão não consegue funcionar a contento. Em linhas gerais, pode-se dizer que Reich

encontrou uma lógica fundamental no mundo instintivo, fonte maior dos prazeres humanos, e, de acordo com nossa percepção, uma espécie de racionalidade instintiva. (Albertini, 1997, p. 60)

Da mesma forma, Barreto (1997) compreende que as ideias de Reich se apresentam como crítica a um modelo de pensamento assentado na repressão das paixões humanas em favor de uma racionalidade absoluta. Aqui, estaríamos diante do ponto de ruptura com a teoria cultural freudiana, já que o pensamento reichiano propõe reconciliar afeto e razão, natureza e cultura. Por um lado, se Freud recorria, a partir de 1920, às forças pulsionais como *locus* e matriz do sofrimento e da destrutividade, que poderiam potencialmente aniquilar os laços sociais, Reich vai remeter o sofrimento e as atitudes antissociais para a fronteira em que se encontram a busca natural de prazer e felicidade e os impedimentos a isso, empreendidos por uma cultura cerceadora das possibilidades de satisfação (Barreto, 1997).

Assim, a luta contra o sofrimento, em Reich, parece ganhar outro feitio. Trata-se de conquistar a afirmação da vida e o aumento da alegria possível na Terra. Mais que isso, trata-se, agora no pensamento original reichiano, de procurar ampliar possibilidades de satisfação a fim de criar cultura e de proteger pactos civilizatórios transformadores e solidários. Inaugura-se, portanto, a possibilidade de uma nova prática política que inclui a subjetividade, deslocando o problema da política para o âmbito da cultura (Barreto, 1997, p. 13):

> É aí, na subjetividade forjada no palco das relações sociais ordinárias (negligenciado por determinadas teorias sociológicas e interpretado de forma individualista por outras), que reside a prisão dos Homens, bem como a possibilidade de sua libertação. Ele [Reich] trabalha, assim, com a "sociedade real", composta por pessoas que possuem corpos, sentimentos e sensações, que têm medos, angústias, desejos e todas as paixões humanas. Com isso,

permite um deslocamento da reflexão abstrata do poder para o âmbito das relações interpessoais, para a política do cotidiano — a meu ver, inaugurando essa tendência. Reich procura mostrar a importância do universo micropolítico dos afetos na sustentação e reprodução das grandes estruturas sociais.

Desse modo, se é no âmbito micropolítico que nossa potência se aprisiona em uma cultura cerceadora, acompanhando o pensamento de Reich, é possível lançar a aposta de que é também aí que residem possibilidades de abertura. A partir da crítica reichiana à vida economizada, e amparados por sua confiança de que ampliar as possibilidades de encontrarmos satisfação e de estarmos plenamente vivos poderia nos levar, inclusive, à feitura de sociabilidades menos violentas, talvez possamos dar um passo adiante.

Para além de tomar como tarefa política o mapeamento e o combate daqueles fatores socioculturais que mortificam os processos de subjetivação, algo que nós é bastante familiar, posto que temos uma espécie de "gosto moderno" por atestarmos o "fracasso da humanidade" e a "ruína civilizatória", talvez ganhemos fôlego, esperança e frescor ao explorar novas abordagens em conciliação com a positividade da vida. Talvez seja hora de procurar, na cultura, as possibilidades para que a alegria e a afirmação da vida sejam potencializadas. Mais que isso, talvez seja hora de procurar, com sensibilidade atenta, as invenções coletivas e singulares em que sua pulsação resiste nos subterrâneos dos projetos massificadores da contemporaneidade, para com elas tecermos alianças, com elas aprendermos sobre a potência revolucionária e subversiva da alegria.

Pode ser que, assim, tenhamos chances, como sugere Reich, de reconhecer outro diagrama de forças já disponível no jogo social, avistando contravenenos à gênese de fascismos que seguem à espreita. E, quem sabe, encontrar meios de desestabilizar, pela perspectiva micropolítica, a ordem social ocidental, patriarcal, capitalista e, pela força de nosso querer viver coletivo, inventar uma existência ampla, justa e solidária para todas as pessoas. Em minha trajetória de pesquisa e de práticas, tenho sido levada a pensar que é essa a urgência que podemos encontrar no chamado reichiano, ponto de encontro entre os questionamentos sobre seu tempo, suas lutas e aquelas que travamos na atualidade.

Mas aqui, em virtude de nossos hábitos de pensar, herdeiros da modernidade e quase sempre avessos ao tema da alegria, cabem algumas palavras antes de seguirmos. É sempre bom lembrar que as ideias reichianas não sugerem, ao tomar como tarefa política a afirmação da vida, ignorar seu âmbito trágico. Pelo contrário, trata-se de tentar injetar em nossos hábitos de pensar também a procura de alegrias possíveis, mantendo em combate as forças que operam para conter nossa potência vital e aquelas que a ampliam. Antes que advenham as comuns imputações de um suposto romantismo ou ingenuidade demasiados, é preciso dizer que não se trata de inventarmos outras humanidades, em que a alegria e a satisfação sejam livremente permitidas e todo o sofrimento seja extirpado. Nesse sentido, ouçamos as próprias palavras de Reich (1994, p. 175):

> Fui acusado de ser um utopista, de querer eliminar do mundo a insatisfação e salvaguardar apenas o prazer. Entretanto, pus o preto no branco ao afirmar que a educação convencional torna as pessoas incapazes para o prazer — encouraçando-as contra o desprazer. O prazer e a alegria da vida são inconcebíveis sem luta, sem experiências dolorosas e desagradáveis autoavaliações. A saúde psíquica se caracteriza não pela teoria do nirvana dos iogues e budistas, nem pelo hedonismo dos epicuristas ou pela renúncia do monasticismo; caracteriza-se pela alternância entre a luta desagradável e a felicidade, entre o erro e a verdade, entre a derivação e a volta ao rumo, entre o ódio racional e o amor racional; em suma, pelo fato de se estar plenamente vivo em todas as situações

da vida. A capacidade de suportar o desprazer e a dor sem se tornar amargurado e sem procurar refúgio no encouraçamento caminha lado a lado com a capacidade de receber a felicidade e dar o amor. Como salientou Nietzsche, aquele que poderia "exaltar-se até atingir as culminâncias do céu" deve estar preparado para "ser mergulhado na morte".

Portanto, talvez nossa tarefa política seja transitar pelo território social, mobilizados por uma "ética da intensidade" (Albertini, 1997), já que a possibilidade de prazer e de felicidade é reservada a quem consegue se entregar a seus fluxos, em plena presença. E, como Reich adverte, tal possibilidade não depende nem apenas de cada sujeito, nem apenas das oportunidades concedidas pela cultura, mas do jogo entre essas perspectivas, que conservariam a pulsação entre aquilo que contém e aquilo que poderia fazer expandir a vida. Assim, como ampliar nossas possibilidades na perspectiva do fortalecimento e da capacidade de satisfação dos sujeitos, tão assolados pela vida economizada, bem como na dimensão cultural, sempre a postos para exercer estratégias de controle, mortificação e sequestro de nossa potência vital? Como encontrar e enxergar outras possibilidades?

Como vimos, a modernidade condenou a alegria e a possibilidade de uma existência regida pelo prazer ao âmbito da irracionalidade, da ilusão e do perigo de rompimento do pacto civilizatório, localizando-as como obstáculos ao regime capitalista. Isso porque seu estabelecimento exigiu que os corpos fossem administrados em seu benefício, substituindo os mandamentos de uma vida de ascese, antes proclamada como obediência a Deus, por uma espécie de tributo a Prometeu, um dos grandes mitos da modernidade (Birman, 2006).

Muitos estudiosos se esforçaram para demonstrar que o próprio crescimento do capitalismo forçou uma existência ordenada pelo reinado da produção, necessário para que o aparato industrial se consolidasse. Entre os séculos 17 a 19, deveríamos nos organizar de acordo com os padrões imprescindíveis às funcionalidades produtivas. Portanto, a vida economizada teria valor estratégico na lógica do consumo em massa, para a superabundância de mercadorias e necessidades inventadas pelo sistema produtivo, como salientam Coelho e Severiano (2007).

Já no século 20, a felicidade será submetida à nova lógica do mercado. A publicidade se tornará cada vez mais um recurso para o fetichismo da mercadoria, ao concentrar-se na crença de que o consumo é a única maneira de alcançá-la. Com o declínio da era industrial e de "toda uma ética do trabalho, do sacrifício e do adiamento do prazer que a amparava" (Kehl, 2007, p. 14), o imperativo da alegria *full-time* (Sant'Anna, 2005) surge como uma estratégia de mercado e consumo, impulsionada pelos apelos não mais à renúncia, mas ao prazer — não apenas prometido, como transformado em um sentido imediato das existências.

É de imaginar, portanto, que sustentar a afirmação da vida e da alegria como tarefa de transformação política, sugerida pela psicologia política reichiana, seja uma tarefa complexa. Se, antes, a alegria de viver tinha como grande inimigo as ondas prometeicas, no tempo atual há novas dificuldades, já que toda a possibilidade de alegria parece ter sido confiscada pelo propósito narcísico de felicidade tão absoluta quanto fugaz e inatingível, sob a lógica de mercado pós-moderna. Mas, ainda assim, talvez valha insistir na pergunta: seríamos, de fato, capazes de condenar toda a vontade de alegria à mera expressão da captura capitalística na atualidade? Ou teríamos outras chances? Bem à moda reichiana, tenho optado pelas chances.

Essa tem sido a mobilização de meus itinerários de pesquisa e de prática, em que exploro o encontro entre alegria e política a partir da aliança com o pensamento de Reich. A ideia que tenho defendido sem titubeios, vivamente alimentada por um campo de experiências com as escolas de samba brasileiras, é de que a alegria e a festa são possibilidades de agenciamento de forças a favor da vida que produzem resistências coletivas ao regime capitalista — que sufoca vitalidades, sequestra nossa potência vital e, ao colocá-la a serviço da homogeneização de existências, alicia tais forças em nome da desertificação das existências.

Há 24 anos acompanho um acontecimento coletivo carnavalesco, gestado a partir do encontro entre os anseios da luta antimanicomial e uma escola de samba em um território periférico da cidade de São Paulo, a "Loucos pela X". Essa experiência tem se oferecido como testemunho das apostas que aqui compartilho, ao nos ensinar sobre a delicadeza e a força de inventar, de forma coletiva, outros territórios existenciais e políticos nos espaços que a cultura brasileira mantém vivos para resistir. Homens e mulheres, que nos idos de 2001 se encontravam confinados em corpos deficitários, destinados a quem é denominado portador de transtornos mentais, com suas biografias circunscritas a serviços de saúde — diga-se de passagem, uma das expressões da vida economizada, colocada em prática pela medicalização de toda sorte de existências discrepantes —, descobriram que a alegria de viver foi mais subversiva em seu cotidiano do que décadas de tratamentos biomédicos de seu sofrimento lhes proporcionaram.

Essas pessoas, lá nas terras da zona norte de São Paulo, em que todas as dificuldades se fazem constantes, se reconheceram sambistas, trabalhadores do carnaval, produziram grupos de pertencimento, se fizeram protagonistas das próprias histórias no encontro com as invenções populares que, há mais de um século, vêm sustentando formas de carnavalizar suas dores e inventar possibilidades.

A partir de uma espécie de circunstância acidental ou socialmente específica, como aquelas para as quais Reich nos chamava a atenção, o encontro entre a saúde mental e o território carnavalesco favoreceu o surgimento desse coletivo, que, nas últimas décadas, mantém uma ala no Grêmio Recreativo Cultural Escola de Samba X-9 Paulistana e conduz um ateliê autônomo e autogerido de produção de fantasias carnavalescas para grandes agremiações do país com base nos princípios da economia solidária. É campo e território de formação de inúmeros trabalhadores da saúde e do carnaval e explora, em seu cotidiano, a afirmação da vida e da alegria como horizonte ético-político, em seus modos de viver e de estar no mundo. Exerce sua força de atração sobre inúmeras pessoas que se interessam pelo que se passa ali, favorecendo uma teia complexa de convivência na diversidade.

Com esses acontecimentos carnavalescos, aqui tomados como uma espécie de alegoria das muitas histórias semelhantes que podemos encontrar nas cidades, em que é possível reconhecer essa espécie de luta pela vida travada não apenas pelo combate ao sofrimento, mas sobretudo pela ampliação de nossa potência vital como ferramenta política, aprendi como a cultura ancestral do samba produz política e resistência. Dessa forma, há mais de um século, neste mesmo país violento, autoritário, patriarcal, racista, manicomial e produtor de desigualdades de toda ordem, essa cultura transforma existências, disputa espaço no jogo contraditório urbano e sustenta outras formas de trabalhar, estar junto, contar histórias e afirmar a vida, justamente em processos coletivos complexos, atados pela alegria.

Assim como fomos convidados por Reich, a trajetória duradoura da "Loucos pela X" no território carnavalesco parece nos trazer notícias que nos impelem a uma aliança com a vontade de alegria que pulsa em meio ao enfrentamento dos adversários contemporâneos. Trata-se de um recurso, e não apenas de uma ilusão, como tem sido comum afirmar desde a emergência do racionalismo moderno até os dias atuais, em que a busca do prazer imediato tem sido proclamada como uma espécie de fascismo pela felicidade. Entendo, justamente, que a trajetória desse coletivo, como a de tantos outros acontecimentos que podem se desenrolar nas relações sociais ordinárias, nos convida a olhar pelas frestas dos grandes fenômenos sociais em busca de outras conexões entre os seres e deles com a alegria. Entendo, ainda, que tal convite pode nos manter atentos para aquilo que se dá a ver em pequenos encontros, em pequenos gestos, distantes das grandes e clássicas arenas de luta política, no cotidiano em que pulsa nosso querer viver coletivo e em que, todo dia neste país, se inventam estratégias subversivas à ordem social vigente.

Em minha caminhada, sigo acreditando que as perguntas reichianas que expus neste texto continuam como companhia valiosa em nosso desafio atual de esperançar o mundo — desafio com o qual temos esbarrado cotidianamente nesses tempos sombrios, em que a produção de uma melancolia militante pode mais nos imobilizar e nos dar vontade de nada do que nos fazer ir além.

Ficam o convite e a partilha, no melhor espírito reichiano, de que a aliança com a produção coletiva da alegria, entre tantas outras funções, também pode fortalecer nossa luta por outros horizontes possíveis e nossa vontade de viver, porque, de maneira inefável, saímos transformados desses encontros resplandecentes, com a pulsação da vida em seu curso amplo.

Que nunca nos faltem, portanto, olhos de ver e coração de sentir a potência subversiva da alegria como antídoto para tudo aquilo que mantém a vida economizada.

Referências

ALBERTINI, Paulo. "A sexualidade e o processo educativo — Uma análise inspirada no referencial reichiano". In: AQUINO, Julio Groppa (org.). *Sexualidade na escola — Alternativas teóricas e práticas*. 6. ed. São Paulo: Summus, 1997.

BARRETO, Andre Valente de Barros. *Em busca de Eros — A "democracia natural do trabalho" e a relação entre poder e afetividade no pensamento de Wilhelm Reich*. Dissertação (mestrado em Ciências Sociais) — Universidade Estadual de Campinas, Campinas, 1997.

BEDANI, Ailton; ALBERTINI, Paulo. "Política e sexualidade na trajetória de Reich — Berlim (1930-1933)". *Arquivos Brasileiros de Psicologia*, Rio de Janeiro, v. 61, n. 2, 2009. Disponível em: http://pepsic.bvsalud.org/scielo.php?script=sci_arttext&pid=S1809-52672009000200003. Acesso em: 23 abr. 2024.

BIRMAN, Joel. *Arquivos do mal-estar e da resistência*. Rio de Janeiro: Civilização Brasileira, 2006.

COELHO, Rômulo Frota da Justa; SEVERIANO, Maria de Fátima Vieira. "Histórias dos usos, desusos e usura dos corpos no capitalismo". *Revista do Departamento de Psicologia — UFF*, Niterói, v. 19, n. 1, p. 83-99, 2007. Disponível em: https://www.scielo.br/j/rdpsi/a/fZsYgLkfGvm7xj7SYbSRMQx/abstract/?lang=pt#. Acesso em: 23 abr. 2024.

KEHL, Maria Rita. *Sobre ética e psicanálise*. São Paulo: Companhia das Letras, 2007.

RAMALHO, Simone Aparecida. "Reich em caminho independente — O combate ao nazifascismo". In: ALBERTINI, Paulo; FREITAS, Laura Villares (orgs.). *Jung e Reich — Articulando conceitos e práticas*. Rio de Janeiro: Guanabara Koogan, 2009.

_____. *Uma alegria subversiva — O que se aprende em uma escola de samba?* Tese (doutorado em Psicologia) — Universidade de São Paulo, São Paulo, 2010.

REICH, Wilhelm. *Psicologia de massas do fascismo*. Tradução de J. S. Dias. Porto: Escorpião, 1974.

_____. *A função do orgasmo — Problemas econômico-sexuais da energia biológica*. Tradução de Maria da Glória Novak. São Paulo: Brasiliense, 1994.

_____. *Análise do caráter*. Tradução de M. L. Branco e M. M. Pecegueiro. São Paulo: Martins Fontes, 1995.

SANT'ANNA, Denise Bernuzzi de. *Corpos de passagem — Ensaios sobre subjetividade contemporânea*. São Paulo: Estação Liberdade, 2005.

3. Wilhelm Reich, história e narrativa autobiográfica

JUNIELE RABÊLO DE ALMEIDA

Narrativas biográficas não precisam ser elogiosas nem destruidoras. Quem procura se ler, ou ler o outro, encontra o sujeito histórico em seu tempo e espaço. Como anunciar as contradições, sustentar o necessário pensamento crítico e "reconhecer" (tornar comum, tornar comunidade) aspectos de uma trajetória de vida? A grande coerência pode estar nas contradições presentes nas transformações sócio-históricas. Trata-se do constante tornar-se, desformar-se entre a individualidade e a coletividade. Ultrapassar preconcepções é apenas o começo da leitura-ação das memórias em sua historicidade.

Uma história de vida pode estimular discussões sobre os diversos projetos políticos que estiveram em pauta na Europa e nos Estados Unidos na primeira metade do século 20 — entre autoritarismos, revoluções e reformas. Nos últimos anos, as abordagens biográficas passaram (e continuam a passar) por um rico debate historiográfico que reflete sobre o caráter teórico-metodológico desse tipo de trabalho na história (Arfuch, 2010; Schmidt, 2000).

Quando observamos os processos relativos às experiências dos indivíduos e das coletividades no tempo, é possível inscrever análises sobre valores, tradições, práticas e imaginários partilhados pelo grupo por meio das narrativas. O estudo biográfico permite investigar a relação entre experiência, memória e narrativa, sem a pretensão de reconstituir o passado. Afinal, busca-se o trabalho histórico marcado pelo tempo presente — lembranças e esquecimentos em múltiplas dimensões. Narrativas autobiográficas, orais e escritas, expressam a memória viva e constroem uma imagem abrangente e dinâmica da experiência.

No Brasil, é reconhecido o trabalho de Paulo Albertini (professor livre-docente aposentado da Universidade de São Paulo) para organizar e difundir a historiografia sobre a trajetória de Wilhelm Reich. Albertini (2015) investigou o percurso científico e a atuação sociopolítica do psiquiatra austro-húngaro, entre a teoria e a prática, e, ainda, buscou discutir a inserção do pensamento de Reich no Brasil: as aproximações e divergências entre Reich e Freud; a relação entre o pensamento de Reich e Bergson; a "técnica ativa" de Ferenczi e os desdobramentos acerca da sexualidade genital; os aspectos sócio-históricos presentes na memória autobiográfica de Reich. Nesse caminho, Albertini (2011, p. 160) observou a obra reichiana "como um processo vivo e contínuo de formulação, que implicou movimentos de elaboração e reelaboração de conceitos e posturas".

Os escritos de Reich problematizam seu tempo histórico. Wilhelm Reich nasceu em 24 de março de 1897 na Galícia (Dobzau, Áustria--Hungria) e faleceu em 3 de novembro de 1957 nos Estados Unidos (Lewisburg, Pensilvânia). Passou a infância na Europa Oriental, ao lado dos pais e do irmão mais novo, tendo vivido em uma extensa propriedade. O livro autobiográfico *Paixão de juventude — Uma autobiografia, 1897-1922* (Reich, 1998), editado e publicado 31 anos após a sua morte, narra diversos momentos de sua vida. Para além dos aspectos biográficos contidos nessa obra, buscam-se aqui as questões do seu tempo nos passados ainda presentes expressos em *A função do orgasmo* (Reich, 1989) e na entrevista concedida por Reich aos Arquivos Sigmund Freud (Higgins e Raphael, 1979).

A trajetória de Reich, em seu "trabalho de memória" (Le Goff, 1990) socialmente constituído, entrecruza suas lembranças pessoais e o contexto sociopolítico da passagem da "era dos impérios para a era dos extremos" (Hobsbawm, 1995): 1) formação do Império Austro-Húngaro (1866-1918) e eclosão da Primeira Guerra Mundial (1914-1918); 2) período entreguerras (1918-1939) e ascensão nazifascista; 3) Segunda Guerra Mundial (1939-1945) e início da Guerra Fria (a partir de 1947).

Reich viveu a consolidação do Império Austro-Húngaro e presenciou o seu fim. Em 1866, a Áustria e a Hungria, diante de diversos desafios políticos e militares, se aliaram para criar um império dual — único imperador, mas com a manutenção do parlamento e das tradições culturais de cada Estado (Martins, 2019).

A infância de Reich, passada na parte germano-ucraniana da Áustria, traz memórias da tradição judaica não ortodoxa de seu pai e, em consequência, do estranhamento cultural diante do fato de que a família era proibida de falar iídiche: permitiam-se apenas o alemão (um dos idiomas oficiais) e o hebraico. A proibição buscava segregar patrões e empregados, uma nítida separação de ordem econômica diante da diversidade linguística e étnica — um mosaico de idiomas que gerava instabilidade e autoritarismo. Afinal, as línguas, na era dos impérios,

> eram com grande frequência artefatos, uma vez que deviam ser compiladas, padronizadas, homogeneizadas e modernizadas para uso contemporâneo e literário, extraídas que eram do quebra-cabeça dos dialetos locais e regionais que constituíam as línguas não literárias realmente faladas. (Hobsbawm, 2015, p. 186)

Um trecho de *Paixão e juventude* amplamente analisado por Albertini (2011) diz respeito a outra proibição imposta a Reich: a de brincar com os filhos dos empregados da fazenda. Um acontecimento de infância merece destaque: quando o filho de um camponês lhe atirou uma pedra, causando um pequeno ferimento em sua testa, o pai de Reich mandou chamar o menino e seu pai e, depois de falarem sobre o ocorrido, golpeou fortemente o trabalhador. Este, para o espanto de Reich, não reagiu. Esse fato catalisou um tema recorrente na obra reichiana: a força do autoritarismo e a aceitação da dominação.

Na virada do século 19 para o 20, o debate sobre submissão individual ou coletiva questionava a opressão de muitos por poucos — conforme exemplificado no acontecimento narrado anteriormente. Mas, ainda no século 16, em 1548, La Boétie, em *Discurso da servidão voluntária* (2009), denunciava com veemência a legitimidade dos "tiranos" e problematizava a servidão consentida: os indivíduos se associam e permanecem sob o jugo tirânico por uma suposta segurança que, em realidade, é exploração. Para destituir o poder tirano, seria necessário deixar de servir e jamais delegar decisões. Dizia o autor: "É o povo que se escraviza e que lhe corta a própria garganta; que, podendo escolher ser submisso ou ser livre, rejeita a liberdade" (La Boétie, 2009, p. 5). Tal debate esteve presente em muitos trechos autobiográficos de Reich, sobretudo em sua obra *Psicologia de massas do fascismo*, publicada em 1933, ano em que Hitler ascendeu ao poder na Alemanha. Ele observa que a resignação é expressa em padrões de atuação que implicam perda de vitalidade.

Em *Paixão de juventude* (1988), Reich narra múltiplos aspectos do autoritarismo e apresenta um episódio específico que expõe a sua tragédia familiar: aos 12 anos, depois de ser fortemente pressionado pelo pai, ele afirmou ter testemunhado a traição de sua mãe com seu segundo preceptor. A mãe, castigada física e psicologicamente pelo pai, morreu dez meses depois, em outubro de 1910, após sua terceira tentativa de suicídio. O pai, acometido de tuberculose, faleceu em 1914.

A obra reichiana parece problematizar a monogamia compulsória no contexto social europeu do início do século 20, marcado por uma rígida moral sexual. O conflito na própria família indica a força da cultura política do período, aspectos sócio-históricos que não devem ser lidos em uma suposta singularidade desconectada do coletivo. Reich viveu o processo repressor, tendo experimentado, "ainda muito jovem, problemas de um período histórico vinculado ao domínio da sexualidade e, com a devida militância de quem foi tomado pelo tema, dedicou-se a investigá-los e a combatê-los" (Albertini, 2011, p. 162).

Reich expressou as marcas da rigidez de seu processo de socialização em uma região extremamente militarizada. Quando do início da Primeira Guerra Mundial, em 1914, o império Austro-Húngaro apresentava um corpo de oficiais treinados, com boa artilharia e infantaria e cavalaria confiáveis; e uma indústria bélica em franco desenvolvimento, mas sem motorização das tropas nem aviação (Peter, 1981). Sabemos que um *ethos* militarista provocou o conflito: após o assassinato do arquiduque Francisco Ferdinando, em junho de 1914, Viena apresentou um ultimato à Sérvia e provocou a declaração de guerra austro-húngara em 28 de julho — e, em um movimento de cascata, o início da guerra geral. O fato de a Áustria-Hungria só se dispor a declarar guerra contra a Sérvia (e a Rússia) após ter obtido o apoio alemão tornou ainda mais difícil evitar essa escalada do conflito, que logo se tornou europeu e mundial (Williamson, 1988; 1991).

A província de Bucovina, onde residiam Reich e seu irmão, tornou-se insegura, e muitas fazendas foram abandonadas. Nessa circunstância, com 17 anos, Reich permaneceu na propriedade, fiel ao império. Após o início da guerra, soldados russos invadiram a região e Reich se inscreveu como voluntário no exército austríaco. Com patentes de cabo e tenente, ele atuou em frentes de batalha. Pequenos contingentes austro-húngaros ocuparam territórios na Itália, bem como na Albânia, na Sérvia, em Montenegro, na Romênia e na Ucrânia (Umz, 2009).

O plano de guerra austro-húngaro de 1914, concebido pelo general Von Hotzendorf, indicava o envio de um exército para invadir a Sérvia e de outro para conter os russos na fronteira da Galícia — contenção malsucedida, que resultou no colapso daquela frente em apenas alguns meses. Entre agosto e setembro de 1914, as perdas austro-húngaras foram intensificadas e, em 24 de maio de 1915, a Itália declarou guerra à Áustria-Hungria.

Houve 12 ofensivas italianas entre 1915 e 1916. Nesses ataques, os italianos foram derrotados, mas as perdas humanas e materiais austro-húngaras foram enormes. O custo da guerra foi devastador, ainda que o Império Austro-Húngaro tenha, entre 1917 e 1918, contido as forças italianas e vencido a Sérvia, a Romênia e a Rússia.

O colapso final, em 1918, ocorreu no contexto de uma crise social, política e institucional, que se articulou com a dimensão militar (Wargelin, 2000). As diferenças entre as duas metades do império, já presentes em tempos de paz, tornaram-se críticas durante a guerra — sobretudo depois da morte do imperador Francisco José. Segundo Bertonha (2015, p. 115),

> a publicação dos 18 pontos do Presidente Wilson (8/1/1918), a assinatura do tratado de Brest-Litovsk (3/3/1918), o fracasso

da ofensiva alemã na França e o início da contraofensiva aliada (8/8/1918), os pedidos de armistício da Bulgária (28/9/1918) e do Império Turco-Otomano (30/10/1918) e a vitória italiana em Vittorio Veneto (24/10/1918) são alguns desses possíveis pontos de "não retorno".

A carência de alimentos — fruto da perda de importantes áreas agrícolas na Galícia, do bloqueio naval aliado e da diminuição dos envios de mantimentos por parte da Hungria — levou à fome generalizada em Viena e em outras cidades (Healy, 2004).

Nesse momento, com o fim da Primeira Guerra Mundial e a dissolução do império, a antiga propriedade da família de Reich foi perdida — uma reverberação da derrota na guerra a partir dos remendados acordos impostos no pós-1918, com as divisões segundo linhas étnico-nacionais ou religiosas (Kelsey, 1994). O acordo de paz anunciado pelos países vitoriosos (Estados Unidos, Grã-Bretanha e França) ficou imprecisamente conhecido como Tratado de Versalhes (Hobsbawm, 1995).

Nesse contexto de perdas no pós-guerra, Reich foi para Viena em condições financeiras precárias. Nessa cidade, concentrou-se o maior contingente populacional da recém-proclamada República de Deutsch-Österreich, ou Áustria Alemã (Kretschmer, 1993). A crise alimentar e habitacional austríaca foi agravada pelo rápido crescimento populacional (Janik e Toulmin, 1991). Nesse espaço urbano, Reich e seu irmão passaram fome e frio.

Em meio à crise socioeconômica, Reich iniciou o bacharelado em Direito na Universidade de Viena; depois de alguns meses, abandonou o curso e matriculou-se em Medicina. Em seus anos de estudos, ele vivenciou uma Viena efervescente, "vermelha" (Gruber, 1991), onde o movimento operário ganhava expressão política: nas eleições locais de maio de 1919, os social-democratas conquistaram 100 das 165 cadeiras (Mertens, 2006).

Assim, nesse ambiente de transformações sociais significativas — e apesar dos desafios econômicos latentes —, Reich, em 1920, enquanto ainda cursava Medicina, foi aceito na Sociedade Psicanalítica de Viena. Tal aceite se deveu ao contato com Sigmund Freud, no momento em que Reich dirigia o Seminário de Sexologia da Faculdade de Medicina — quando apresentou sua pesquisa sobre o conceito de pulsão e libido de Forel a Jung.

Em 1921, a "Viena Vermelha", considerada um modelo internacional, tornou-se um Estado, e a ala da esquerda ficou responsável pela administração da cidade.

> O experimento conhecido como Viena Vermelha, fundado com grande participação popular (em especial das massas operárias organizadas fortemente pelo partido social-democrata austríaco) sob a liderança do marxista austríaco Otto Bauer, realizou transformações urbanas, por meio de maciça política habitacional de amplo sentido democrático. Seguiram-se inovações pedagógicas, sanitárias e organizacionais, como a formação de conselhos de cidadãos que atuavam em espaços públicos construídos para a deliberação sobre as questões públicas e para definição de políticas de gestão da cidade. A transformação política e democrática gerada nesse processo foi profunda, resultando na metamorfose da cidade de Viena de aristocrática em uma cidade de forte cultura democrática. (Mattl, 2013, p. 89)

Tal experiência, admirada e imitada em todo o mundo, foi o maior trunfo do chamado austro-marxismo.

Apesar disso, os problemas econômicos geraram a polarização dos partidos políticos. A partir desse momento, Reich elaborou as diretrizes da análise do caráter e as formulações da teoria do orgasmo. No limiar do novo século, a cidade de Viena catalisou expressões teóricas e artísticas que marcam a modernidade, ou seja, idiossincrasias das novas formas de ver o mundo: para além da psicanálise, estavam os desenhos de Klimt, a literatura de Musil e a música de Mahler (Janik e Toulmin, 1991). Tratava-se da velha capital de um império decadente e do berço de uma cultura moderna efervescente (Le Rider, 1992).

Reich articulou psicanálise e marxismo com projetos de intervenção social: 1) a Associação Socialista para o Aconselhamento e a Investigação Sexual, em Viena; 2) a Associação Alemã para uma Política Sexual Proletária (Sexpol), em Berlim. A ascensão dos fascismos, entre os anos 1920 e 1930, provocou um interesse crescente dos intelectuais pelo marxismo. Diversos indivíduos premiados com o Nobel de literatura, bem como filósofos e cientistas, anunciaram solidariedade ao povo soviético, e até mesmo não marxistas aderiram ao Partido Comunista.

Além de incluir os aspectos econômicos e sociais em sua obra, Reich situou a elaboração da análise do caráter no referencial psicanalítico (Albertini, 2015). Mas, posteriormente, desenvolveu outras duas abordagens terapêuticas: a vegetoterapia caracteroanalítica e a orgonoterapia (Reich, 1976). Na Policlínica Psicanalítica de Viena, entre 1922 e 1928, foi primeiro assistente e, entre 1928 e 1930, vice-diretor. O recém-formado psicanalista narrou sua experiência na clínica psicanalítica popular e apontou os limites do atendimento individual convencional (Reich, 1989).

Reich considerou fundamental investigar a sexualidade para prevenir neuroses. Naquele início de século 20, questionava a valorização exclusiva da sexualidade adulta e matrimonial, com suas imposições de decência, pudor e negação do corpo (Foucault, 1988). Seus escritos colaboraram com a busca do afrouxamento social dos mecanismos da repressão, destacando-se: a tolerância para relações pré-nupciais ou extramatrimoniais, a atenuação da desqualificação dos chamados "perversos" (crítica à condenação pela lei); e a diminuição dos tabus que pesavam sobre a sexualidade das crianças. A sexualidade é profundamente suscetível às influências sócio-históricas, e os avanços propostos por Reich confrontaram estruturas conservadoras, questionando a categorização normal/anormal e reinventando o corpo como uma forma de organismo social que abre caminho para a aceitação da diversidade na expressão da cultura sócio-histórica.

De acordo com Albertini (1994, 2003), no amplo pensamento freudiano, o *locus* reichiano deve ser buscado no ponto de vista econômico, em proximidade com a profunda crítica à moral vigente (Freud, 1973). Nos últimos anos da década de 1920 e início dos anos 1930, Reich iniciará um intenso combate à estruturação social repressora, às instituições responsáveis pela formação sexual do indivíduo: a família, a escola e as organizações religiosas. Isso porque as neuroses humanas nasceriam de condições socioculturais próprias de um período histórico, e não de situações (Albertini, 2011).

No livro *Psicologia de massas do fascismo*, elaborado no período entreguerras, em meio à ascensão do nazifascismo (Sternhell, 1995; Traverso, 1998), a repressão sexual é vista como uma espécie de matriz que prepara o indivíduo para aceitar as demais repressões (Reich, 1974). Segundo Oliveira e Cruz (2009, p. 70), as principais questões propostas por Reich nessa obra são:

> 1) por que o homem médio adere ao fascismo quando este não se propõe a ajudá-lo; 2) como as repressões sofridas no seio das famílias são ampliadas para a vida adulta e para as escolhas baseadas no medo e na repressão; 3) como a moralidade fascista tem interesse na criação de indivíduos submissos, que se adaptem à ordem autoritária; 4) os entraves à liberdade humana; 5) e, finalmente, a redenção pela democracia do trabalho, onde se destaca a postura otimista do autor diante do quadro patológico apresentado.

O período que separa as duas guerras mundiais é marcado por "grandes ilusões sobre a construção da paz e o reconhecimento do direito de autodeterminação dos povos, de revoluções afogadas em sangue, do desafio anticolonial, da massificação política" (Loff, Piedade e Sena Júnior, 2020, p. 3). Trata-se do fracasso do sistema liberal, em contextos nacionais variados, e da crise da democracia a partir do avanço autoritário (Hobsbawm, 1995). O pensamento de Reich, permeado por resistência antifascista, traz a ideia de uma revolução sexual, um projeto de transformação das estruturas sociais para o não cerceamento da vida, ultrapassando, assim, o direito ao amor sexual ou uma busca hedonista (Albertini, 2011). No que diz respeito aos mecanismos sociais da repressão, Reich sustentou que a inibição sexual tenderia a gerar pessoas impotentes diante da vida, levando-as a aderir aos fascismos.

Ao fundar a Associação Socialista para o Aconselhamento e a Investigação Sexual, em 1928, Reich contou com a participação de psicanalistas como Annie Angel e Edmund Bergler, além de Annie Reich — sua primeira mulher e mãe de suas duas filhas. Os centros de aconselhamento gratuitos, com sexólogos especialistas, ficavam em diversos bairros de Viena. Tratava-se de aconselhamentos sobre problemas sexuais e educação das crianças, bem como palestras sobre os princípios da "economia sexual", que interrelacionavam informações sobre métodos contraceptivos e orientações para lidar com dificuldades emocionais — sobretudo para mulheres com gravidez indesejada (muitas vezes encaminhadas para médicos que, sem autorização legal, faziam o aborto).

Reich (1976, p. 107-8) escreveu: "A Associação assumiu a postura de que os problemas sexuais eram causados, essencialmente, por condições enraizadas na ordem social burguesa, e de que seria impossível eliminá-los por completo, mas eles poderiam ao menos ser aliviados com a ajuda aos indivíduos".

Em fins dos anos 1920, Reich produziu reflexões que ficaram conhecidas como freudo-marxistas — entrecruzamento presente em *Materialismo dialético e psicanálise* (1929). Em 1930, ele foi para Berlim e filiou-se ao Partido Comunista Alemão, buscando integrar o movimento de transformação social (Bedani e Albertini, 2006). Em 1931, fundou uma organização ligada ao Partido Comunista: a Associação Alemã para uma Política Sexual Proletária, a Sexpol (Albertini, 1994). As discussões sobre higiene mental, entre outras, se tornaram um grande movimento organizado em Berlim — havia quase 50 mil pessoas sob a liderança de Reich (Higgins e Raphael, 1979). Tratava-se da continuação das ações iniciadas em Viena pela outra associação dirigida por ele. Porém, as transformações eram notórias: ultrapassavam as clínicas de aconselhamento e informação sexual e politizavam a questão sexual em uma proposta vinculada à revolução comunista (Bedani e Albertini, 2006). Do período da interface psicanálise/marxismo, a principal obra de Reich é *Psicologia de massas do fascismo* — que observa o "apoio ao nazifascismo por proletários alemães, apartados dos interesses de classe" (Albertini, 2011, p. 167).

Nessa fase, a popularidade de Hitler crescia em Berlim e em toda a Alemanha. Em 1932, ele ganhou nacionalidade alemã e o cargo de conselheiro da cidade de Brunswick. O partido nazista logo se tornou o maior do parlamento daquele país. Hitler contava com o apoio de empresas e realizava comícios em todo o território nacional, sempre com demonstrações do poder militar (Fest, 1976). Eleito presidente em 1932, Paul von Hindenburg passou a sofrer diversas pressões e nomeou Hitler chanceler da Alemanha. Rapidamente, o Terceiro Reich foi implantado e, com a criação da Polícia Secreta do Estado, a Gestapo (Arruda, 1980), iniciou-se a perseguição aos comunistas. Nas eleições de março de 1933, os nazistas obtiveram 44% dos votos, e Hitler, com a tomada do poder, dissolveu todos os partidos, exceto o nazista. Os estados germânicos passaram a ser administrados por pessoas indicadas pelo Führer. Com o falecimento de Hindenburg, em 1934, Hitler acumulou as funções de chanceler e chefe de Estado, suprimindo as eleições para presidente (Lopez, 1983).

Em 1933, Reich e outros militantes que atuavam contra o nazifascismo saíram da Alemanha. Hitler aumentou a repressão aos considerados comunistas, cassando os mandatos de seus deputados e perseguindo intelectuais e artistas. Reich assumiu uma postura política oposta aos princípios de não confrontação ao nazifascismo anunciados pela Sociedade Psicanalítica. Diante dos embates, foi expulso da Sociedade Psicanalítica e da Sexpol (Wagner, 1996).

Reich continuou aguerrido em suas lutas de forma independente, desvencilhando-se das instituições (partidárias ou psicanalíticas). É possível supor, com base em suas narrativas autobiográficas, que, durante sua segunda década de vida, tenha buscado referências anarquistas — por exemplo, nas ideias do filósofo alemão Max Stirner (1806-1856).[1]

Os primeiros destinos de Reich, após a expulsão da Sexpol, foram a Dinamarca e, posteriormente, a Suécia. Entre 1934 e 1939, ele se estabeleceu em Oslo, na Noruega. Ilse Ollendorff de Reich (1972), sua segunda esposa, afirma que, entre 1935 e 1937, ele viveu uma relativa tranquilidade. A reverberação positiva da obra *Psicologia de massas do fascismo* gerou boas críticas. Ressalte-se que Reich foi um pensador que combateu, ao mesmo tempo, o nazifascismo e a orientação autoritária e economicista do stalinismo (Albertini, 2011).

Ainda na Noruega, contou com um laboratório de fisiologia no Instituto de Psicologia da Universidade de Oslo para investigar, experimentalmente, as reações de prazer e angústia geradas por estímulos em diferentes regiões do corpo (Albertini, 2011). Nesse momento, Reich observou a existência de uma nova energia, que chamou de orgone — base de sua orgonomia (Reich, 1971).

---

[1]. Tal relação entre Reich e o anarquismo foi explorada em debate realizado com Paulo Albertini, com mediação de João da Mata, intitulado "Conversações libertárias na soma: Wilhelm Reich e os movimentos políticos" (Albertini, 2021). A pergunta lançada — "Wilhelm Reich pode ser considerado um pensador anarquista?" — gerou reflexões interessantes e instigou pesquisadores a aprofundar o tema em estudos futuros.

Embora a Noruega tenha permanecido neutra na Primeira Guerra Mundial, participou da Segunda Guerra. Em 1939, seu território foi invadido por tropas alemãs. Antes que isso acontecesse, Reich foi para os Estados Unidos.

Nesse país, ele iniciou a confecção dos acumuladores de orgone, buscando criar uma terapia para pacientes acometidos de câncer (Reich, 2009). Tratava-se da continuidade, agora experimental, da teoria do orgasmo (na sequência que compreendia tensão corporal, carga energética, descarga energética e relaxamento corporal). Partindo da sexualidade, Reich observou o modelo de funcionamento elementar, uma sequência de estados presente em fenômenos não necessariamente sexuais — como a divisão celular, quando uma célula, em tensão, se divide e restabelece seu equilíbrio energético (Albertini, 1997).

Após a vegetoterapia caracteroanalítica e a orgonoterapia, Albertini (2011, 2015) evidenciou no pensamento de Reich as seguintes percepções (sendo, cada uma, amplamente discutida): o corpo na clínica como estrutura histórica para a circulação energética; a unidade funcional corpo-mente (Rodrigues, 2008); a possibilidade de apreender a dinâmica do outro por meio das sensações corporais (Rego, 2005); o corpo como algo histórico, construído na cultura, e não como um dado pronto da natureza (Mauss, 1974).

Nos Estados Unidos, Reich vivenciou o final da Segunda Guerra Mundial e, em 1947, o início da Guerra Fria e seus desdobramentos econômicos e sociais. Havia algo subjacente às antinomias entre Estados Unidos e União Soviética: a crise da produção industrial e a recessão que "elevou a população de desempregados de cerca de 2,5 milhões para 8 milhões nos Estados Unidos" (Saraiva, 1997, p. 222). Ainda em 1947, com a doutrina Truman e o plano do secretário de Estado George Marshall, instaurou-se um conjunto de estratégias norte-americanas na Guerra Fria. A criação da Organização do Tratado do Atlântico Norte (Otan), em 1949, alimentou um pacto de defesa contra possíveis agressões militares soviéticas, com a criação do escudo atômico sobre a Europa Ocidental (Hobsbawm, 1999) e o endurecimento de posturas nacionalistas.

Nesse contexto militarizado, ainda em 1949, Reich se dedica ao Crianças do Futuro — projeto nascido da interface entre higiene mental e prevenção do processo de cronificação de defesas (chamado de encouraçamento) — e, em 1950, funda o Centro Orgonômico de Pesquisa sobre a Infância (Albertini et al., 2007). As práticas educativas, no pensamento reichiano, são construídas a partir do cuidado do estado emocional do educador (Matthiesen, 2005). O Crianças do Futuro integrava ações para o pré-natal, o parto, os primeiros anos e o desenvolvimento posterior da criança (Reich, 1984).

Mas, com o chamado o macarthismo (1950-1957), a situação política norte-americana ganhou contornos persecutórios, o que dificultou e interrompeu a vida de Reich em fins dos anos 1950. No macarthismo, o medo da expansão comunista foi utilizado intensamente por aparelhos de espionagem, censura e repressão. Foram inúmeras as acusações imprudentes e pouco fundamentadas, assim como ataques a tudo que não se expressasse a partir de um patriotismo exacerbado. Nesse momento, Reich foi alvo de uma investigação da Food and Drug Administration (FDA) — órgão que controlava medicamentos e alimentos — e, em 1954, os acumuladores de orgone foram proibidos.

Quando Harry Truman deixou a presidência, no começo de 1953, a Guerra Fria já havia assumido proporções globais. A reforma militar norte-americana foi acompanhada pela luta interna contra o comunismo (e qualquer ameaça estrangeira) e pela criação do Departamento de Defesa, da Central Intelligence Agency (CIA) e do Conselho de Segurança Nacional. No início de 1957, Reich — um estrangeiro com histórico de atuação comunista e pesquisas sobre sexualidade — foi encarcerado na Penitenciária Federal de Lewisburg, na Pensilvânia. Depois de quase um ano preso, faleceu de ataque cardíaco.

Seus textos e livros foram queimados no contexto macarthista. Porém, em fins dos anos 1960 e durante os anos 1970, em meio à resistência anunciada pelos movimentos contraculturais, a obra de Reich foi retomada como precursora das terapias corporais e como ícone libertário — em especial pelo Movimento do Potencial Humano, criado na Califórnia, que trabalhava com processos psicoterapêuticos não institucionalizados e centrados na vivência e na expressão emocional.

A contracultura foi um movimento libertário de contestação e rebeldia que rompeu com diversos padrões ao contestar os comportamentos da cultura dominante (Roszak, 1972). Com teor social, artístico e filosófico, esse movimento se posicionou contra os valores disseminados pela indústria e pelo mercado cultural. Apesar disso, Albertini (2011, p. 172) problematiza:

> Se a abordagem desse autor carrega teses libertárias, sobretudo no campo da sexualidade, desenvolvidas desde os anos 1930, que claramente ajudaram a compor o movimento contestatório dos anos 1960 e 1970, cabe também indagar o quanto esse movimento não acabou, digamos, engolindo e ressignificando o próprio enfoque reichiano.

Afinal, no contexto da contracultura, muitos aspectos importantes da obra de Reich foram minimizados, como orientações para que se atentasse para os riscos de uma imediata liberação dos costumes em uma sociedade forte e longamente repressiva, que não deveria ser desconsiderada (Reich, 1976; 1981).

Diante do paradoxo neoliberal iniciado nos anos 1970, a obra de Reich torna-se fundamental ao defender as abordagens sociais no campo da psicologia. Ao reconhecer a interconexão entre o indivíduo e a sociedade, é possível observar questões interseccionais de nosso tempo, como situação socioeconômica, etnia, gênero e sexualidade.

E, também, problematizar temas como desigualdade, discriminação, injustiça e marginalização.

Por fim, vale dizer que, em 1982, foi criado o Museu Wilhelm Reich, localizado em Rangeley, Maine, Estados Unidos. O museu se situa na antiga casa de Wilhelm Reich, onde ele viveu e trabalhou até 1957. O espaço contém uma rica coleção de materiais relacionados à vida e à obra de Reich, incluindo objetos pessoais, manuscritos, fotografias e outros itens de interesse histórico. O lugar também oferece programas educacionais e eventos e conta com o acervo do Arquivo Wilhelm Reich.[2]

De acordo com o museu, antes de sua prisão, Reich havia organizado seu acervo em dois locais no edifício, conhecido como Orgone Energy Observatory: uma sala escura fotográfica no primeiro andar e um grande armário no segundo andar. Preocupado com a preservação do material, solicitou em seu testamento que nenhum documento, manuscrito ou diário fosse alterado, omitido, destruído, adicionado ou falsificado — requerendo uma curadoria. Mas, somente em 1959, dois anos após sua morte, a administradora Mary Higgins teve acesso ao abandonado Observatório de Energia Orgone e percebeu que os arquivos de Wilhelm Reich tinham desaparecido. Na verdade, eles haviam sido removidos ilegalmente, no ano anterior, por Aurora Karrer, a última mulher da vida de Reich, que levou o acervo para sua casa em Bethesda, Maryland.

Mesmo com o restabelecimento jurídico da documentação, o processo se estendeu por 40 anos. Em novembro de 2007, meio século após sua morte, o Arquivo Wilhelm Reich se tornou acessível para pesquisadores, tendo sido catalogado pela Biblioteca Countway, da Universidade Harvard, na seção nomeada "Centro para a História da Medicina". Um novo acordo entre o Museu Wilhelm Reich e a

---

2. Disponível em: https://wilhelmreichmuseum.org/.

Biblioteca Countway, pelo qual o museu recuperou o controle físico dos arquivos, entrou em vigor em setembro de 2021.

Referências

ALBERTINI, Paulo. *Reich — História das ideias e formulações para a educação*. São Paulo: Ágora, 1994.

_____. "A sexualidade e o processo educativo — Uma análise inspirada no referencial reichiano". In: AQUINO, Julio Groppa (org.). *Sexualidade na escola — Alternativas teóricas e práticas*. São Paulo: Summus, 1997, p. 53-70.

_____. "Reich e a possibilidade do bem-estar na cultura". *Psicologia USP*, São Paulo, v. 14, n. 2, p. 61-89, 2003.

_____. "Wilhelm Reich — Percurso histórico e inserção do pensamento no Brasil". *Boletim de Psicologia*, São Paulo, v. 16, n. 135, p. 159-76, 2011.

_____. *Na psicanálise de Wilhelm Reich*. Tese (livre-docência em Psicologia) —Universidade de São Paulo, São Paulo, 2015.

_____ "Conversações libertárias na soma: Wilhelm Reich e os movimentos políticos". Canal Somaterapia, YouTube, 4 fev. 2021. Disponível em: https://youtu.be/BPkNK0dHsZI?feature=shared. Acesso em: 6 jun. 2024.

ALBERTINI, Paulo et al. "Reich e o movimento de higiene mental". *Psicologia em Estudo*, Maringá, v. 12, n. 2, p. 393-401, 2007.

ARFUCH, Leonor. *O espaço biográfico*. Rio de Janeiro: Editora da Uerj, 2010.

ARRUDA, José Jobson. *História moderna e contemporânea*. 12. ed. São Paulo: Ática, 1980.

BARRETO, André Valente de B. *A revolução das paixões — Os fundamentos da psicologia política em Wilhelm Reich*. São Paulo: Annablume/Fapesp, 2000.

BEDANI, Ailton; ALBERTNI, Paulo. "Política e sexualidade na trajetória de Reich: Viena (1927-1930)". *Encontro — Revista de Psicologia*, Valinhos, v. 11 , n. 14, p. 62-77, 2006.

BELLINI, Luzia Marta. *Afetividade e cognição — O conceito de autorregulação como mediador da atividade humana em Reich e Piaget*. Tese (doutorado em Psicologia) — Universidade de São Paulo, São Paulo, 1993.

BERTONHA, João Fábio. "O Império Austro-Húngaro — O ator desconhecido da Primeira Guerra Mundial". *Revista Esboços*, Florianópolis, v. 21, n. 31, p. 115-137, out. 2015.

FEST, Joachim C. *Hitler*. 4. ed. Rio de Janeiro: Nova Fronteira, 1976.

FOUCAULT, Michel. *História da sexualidade — A vontade de saber*. Tradução de Maria Thereza da Costa Albuquerque e José Augusto Guilhon Albuquerque. Rio de Janeiro: Graal, 1999.

GRUBER, Helmut. *Red Vienna — Experiment in working class culture, 1919-1934*. Nova York: Oxford University Press, 1991.

HEALY, Maureen. *Vienna and the fall of the Habsburg Empire — Total war and everyday life in World War I*. Cambridge: Cambridge University Press, 2004.

HIGGINS, Mary; RAPHAEL, Chester. (orgs.). *Reich fala de Freud*. Tradução de Bernardo de Sá Nogueira. Lisboa: Moraes, 1979.

HIGHWATER, Jamake. *Mito e sexualidade*. São Paulo: Saraiva, 1992.

HOBSBAWM, Eric J. *A era dos impérios, 1875-1914*. Tradução de Sieni Maria Campos e Yolanda Steidel de Toledo. Rio de Janeiro: Paz e Terra, 2015.

_____. *A era dos extremos — O breve século XX: 1914-1991*. Tradução de Marcos Santarrita. São Paulo: Companhia das Letras, 1995.

JANIK, Allan; TOULMIN, Stephen. *A Viena de Wittgenstein*. Rio de Janeiro: Campus, 1991.

KANN, Robert. *A history of the Habsburg Empire, 1526-1918*. Berkeley/Los Angeles: University of California Press, 1980.

Kelsey, Joanne. "The fall of Yugoslavia — The Third Balkan War by Misha Glenny". *Boston College Third World Law Journal*, Boston, v. 14, n. 369, 1994.

Kretschmer, Helmut. *Ende und Anfang — Wien um 1918*. Viena: Wiener Stadt- u. Landesarchiv, 1993.

La Boétie, Étienne de. *Discurso sobre a servidão voluntária*. Tradução de José Cretella Jr. e Agnes Cretella. 2. ed. rev. São Paulo: Revista dos Tribunais, 2009.

Le Goff, Jacques. *História e memória*. Tradução de Bernardo Leitão [et al.]. Campinas, SP: Editora Unicamp, 1990

Le Rider, J. *A modernidade vienense*. Rio de Janeiro: Civilização Brasileira, 1992.

Loff, Manuel; Piedade, Filipe; Sena Júnior, Carlos Z. de. "Entre guerras mundiais (1918-1939): entre a paz e a guerra, crise do sistema liberal, revolução e fascismo". *História — Revista da Flup*, Porto, IV série, v. 10, n.1, p. 3-7, 2020.

Lopez, Luiz Roberto. *História do século XX*. Porto Alegre: Mercado Aberto, 1983.

Martins, Estevão de Rezende. "Império Austro-Húngaro: *finis Austriae* ou o ocaso da Monarquia do Danúbio". In: Silva, Francisco Carlos Teixeira da. *Impérios na História*. Rio de Janeiro: Campus, 2009. p. 205-14.

Matthiesen, Sara Quenzer. *A educação em Wilhelm Reich — Da psicanálise à pedagogia econômico-sexual*. São Paulo: Editora da Unesp, 2005.

Mattl, Siegfried. "O caso da Viena Vermelha". In: *Lua Nova*, São Paulo, v. [s/n], n. 89, 2013, p. 181-213.

Mauss, Marcel. "As técnicas corporais". In: _____. *Sociologia e antropologia*. Tradução de L. Puccinelli. São Paulo: EPU/Edusp, 1974. p. 209-33. v. 2.

MERTENS, Christian. *Richard Weiskirchner (1861-1926). Der unbekannte Wiener Bürgermeister*. Viena: Verlag für Geschichte und Politik; Munique: Oldenbourg, 2006.

OLIVEIRA, Deyse de Marie; CRUZ, Maria Helena Simão. "Sobre a psin cologia de massas do fascismo de W. Reich". *Revista Psicologia e Saúde*, Campo Grande, v. 1, n. 1, p. 70-76, 2009.

OLLENDORFF REICH, Ilse. *Wilhelm Reich — Una biografía personal*. Buenos Aires: Granica, 1972.

PETER, Ernest. *Die k. u. k. Luftschiffer und Fliegertruppe Österreich-Ungarns: 1794-1919*. Stuttgart: Motorbuch-Verlag, 1981.

REGO, Ricardo A. "Reich e o paradigma pulsional freudiano". In: ALBERTINI, Paulo (org.). *Reich em diálogo com Freud — Estudos sobre psicoterapia, educação e cultura*. São Paulo: Casa do Psicólogo, 2005, p. 59-87.

REICH, Wilhelm. *Selected writings — An introduction to orgonomy*. Nova York: Farrar, Straus and Giroux, 1971.

_____. *People in trouble*. Nova York: Farrar, Straus and Giroux, 1976.

_____. *A revolução sexual*. Tradução de Ary Blaustein. Rio de Janeiro: Zahar, 1981.

_____. *Children of the future — On the prevention of sexual pathology*. Nova York: Farrar, Straus and Giroux, 1984.

_____. *A biopatia do câncer*. Tradução de Maya Hantower. São Paulo: WMF Martins Fontes, 2009.

_____. *The function of the orgasm — Sex-economic problems of biological energy*. Tradução de Vincent R. Carfagno. Londres: Souvenir Press, 1942-1989.

RODRIGUES, Henrique J. L. F. *A relação entre o corpo e a mente nos escritos de Freud, Lacan e Reich — Do fenômeno psicossomático à unidade soma-psyché*. Dissertação (mestrado em História das Ciências e das Técnicas e Epistemologia) — Universidade Federal do Rio de Janeiro, Rio de Janeiro, 2008.

Roszak, Theodore. *A contracultura — Refexões sobre a sociedade tecnocrática e a oposição juvenil*. Petrópolis: Vozes, 1972.

Saraiva, José Flávio S. "Dois gigantes e um condomínio: da Guerra Fria à coexistência pacífica (1947-1968)". In: _____. (org.) *Relações internacionais contemporâneas — Da construção do mundo liberal à globalização (de 1815 a nossos dias)*. Brasília: Paralelo 15, 1997.

Schmidt, Benito Bisso. (org.). *O biográfico — Perspectivas interdisciplinares*. Santa Cruz do Sul: Editora da Unisc, 2000.

Sternhell, Zeev. *Nascimento da ideologia fascista*. Lisboa: Bertrand, 1995.

Traverso, Enzo. "Le totalitarisme. Histoire et apories d'un concept". *L'Homme et la société*, v. [s/n], n. 129, 1998, p. 97-111. (Regards sur l'humanitaire).

Umz, Jonathan E. *The resurrection and collapse of Empire in Habsburg Serbia, 1914-1918*. Nova York: Cambridge University Press, 2009.

Wagner, Claudio Mello. *Freud e Reich — Continuidade ou ruptura?* São Paulo: Summus, 1996.

Wargelin, Clifford. "The economic collapse of Austro-Hungarian dualism, 1914-1918". *East European quarterly*, v. 34, n. 3, p. 261-288, 2000.

Watson, Alexander. *Ring of steel — Germany and Austria-Hungary at war, 1914-1918*. Londres: Penguin Books, 2014.

Williamson Jr., Samuel R. "The origins of World War I". *The Journal of Interdisciplinary History*, v. 18, n. 4, p. 795-818, 1988.

_____. *Austria-Hungary and the origins of the First World War*. Nova York: St. Martin's Press, 1991.

4. Wilhelm Reich, corpo e sociabilidades libertárias

JOÃO DA MATA

A mais conhecida contribuição de Wilhelm Reich ao campo psicanalítico e à psicoterapia de forma geral está relacionada à entrada do corpo na cena terapêutica. Ele não foi o único, mas um dos mais entusiastas psicanalistas a romper com a hegemonia da palavra na prática clínica. Seus estudos em torno da estase energética como resultante dos processos de adoecimento emocional modificaram a compreensão das causas da neurose, assim como os procedimentos clínicos que passaram a ser adotados desde então. A partir de suas pesquisas, emergiu uma série de práticas que ficaram conhecidas como *psicoterapias corporais*[1]. As ideias reichianas também influenciaram outros campos da psicologia contemporânea, como a Gestalt-terapia.

Ainda como membro da Associação Psicanalítica Internacional (IPA), e após seu desligamento, Reich se dedicou a pesquisar de maneira mais direta as interfaces entre os âmbitos psíquico e somático. Sua ênfase se desloca da atenção voltada para o *que* é dito para *como* é dito. Os conteúdos verbais, sonhos e lapsos, por exemplo, passaram a ser tratados com equiparável importância aos não verbais, como o olhar, a expressão facial e corporal, o tom de voz — entre tantos outros indícios que, segundo ele, eram subestimados e até mesmo negligenciados pela técnica psicanalítica. Segundo sua perspectiva, para ter acesso ao conteúdo inconsciente de uma pessoa, era necessário ir além do uso da palavra. Para Reich (1998, p. 57), "a maneira como o paciente fala, olha para o analista e o cumprimenta, deita-se no divã, a modulação da voz, o grau de polidez convencional mantido etc. são pontos de referência valiosos para avaliar as resistências secretas que o paciente opõe à regra básica".

Ao problematizar a metodologia psicanalítica, em certa medida Reich se aproxima da *técnica ativa* que Sándor Ferenczi (1873-1933) já vinha estudando e praticando. Em contraste com a abordagem mais passiva de Freud, em terapia, o *enfant terrible* da psicanálise, como ficou conhecido, defendia que o analista deveria se envolver de modo mais efetivo com o paciente, oferecendo devolutivas imediatas, compartilhando as próprias reações emocionais e intervindo de forma direta quando necessário. A técnica ativa tomava também o corpo como expressão da realidade humana e seu *locus* para a atuação terapêutica, atribuindo especial relevância à sexualidade concreta.

---

1. Wilhelm Reich é considerado "pai" da psicoterapia corporal. Ao sair da psicanálise, formulou a vegetoterapia, que mais tarde se redimensionou na orgonoterapia. De suas pesquisas, derivaram outras práticas de psicoterapia corporal, como a bioenergética, a biossíntese e a biodinâmica, entre outras.

Wilhelm Reich expande o entendimento, já anunciado por Ferenczi, relativo à tensão muscular ao estabelecer seu vínculo direto com as funções psíquicas em geral. A partir do que observou no tratamento de manifestações psíquicas e vegetativas da vida afetiva, Reich elabora um de seus mais conhecidos conceitos: o de *couraça neuromuscular do caráter*[2], por meio do qual passa a fundamentar seus estudos em torno dos fenômenos somáticos em direta sintonia com os fenômenos emocionais. Para ele (2004, p. 16), "a couraça do caráter é a base do isolamento, da indigência, do desejo de autoridade, do medo à responsabilidade, do anseio místico, da miséria sexual e da revolta neuroticamente impotente, assim como de uma condescendência patológica".

Reich procura, assim, demonstrar de que modo essa "armadura caracterológica" funciona como uma defesa psicológica desenvolvida para lidar com as demandas sociais e suas eventuais ameaças, decorrentes de mecanismos disciplinadores que desencadeiam manifestações físicas e emocionais, em uma íntima e constante relação. Ainda em sua fase psicanalítica, elabora uma minuciosa "análise do caráter neurótico", mediante a qual explica o funcionamento emocional e os processos que influenciam sua formação e seu desenvolvimento ao longo da vida. Suas pesquisas, consolidadas no livro *Análise do caráter — Técnica e princípios para estudantes e analistas praticantes*, publicado em 1933, visavam — para além de um uso apenas didático ou voltado para o campo formativo de novos analistas — a própria emergência de sua orientação clínica. Seu deslocamento da ortodoxia da técnica psicanalítica atinge, com isso, três pilares fundamentais da obra freudiana: a pulsão de morte, o princípio de realidade e o complexo de Édipo.

---

2. A couraça neuromuscular do caráter é a face somática dos traços de comportamento e das atitudes emocionais do indivíduo, tornando-se uma espécie de corporificação do inconsciente. Em geral, ela se manifesta como rigidez muscular crônica ou, por vezes, como flacidez crônica. Funciona como uma defesa emocional diante das ameaças ocorridas ao longo da formação do indivíduo, bem como uma ancoragem corporal das neuroses. Em seus estudos, Reich apresentou sete anéis ou segmentos de couraça: *ocular, cervical, torácico, diafragmático, abdominal* e *pélvico*.

Também é importante frisar que o corpo, na perspectiva reichiana, é tomado como unidade funcional, na qual inexiste dualismo corpo/mente ou mundo sensível/mundo inteligível. Essa perspectiva monista abrange uma ampla dimensão do ser humano — corpo, emoções, pensamentos, cultura, valores sociais etc. — e um quadro unificado, sendo impossível vê-lo ou estudá-lo de maneira fracionada. Além de romper com o dualismo hierarquizante, Reich buscou estudar o ser humano em suas mais amplas dimensões. O termo "biopsicossocial" foi utilizado por ele para mostrar que os sofrimentos humanos, especialmente ligados à sexualidade, estão relacionados a questões sociais, políticas e econômicas de determinado tempo histórico e, portanto, passíveis de ser modificadas.

Para Reich, os impulsos biológicos são moldados por forças sociais em circunstâncias particulares da existência. Em ambientes favoráveis, os movimentos de relaxamento e expansão prevalecem e tornam-se mais comuns. Ao contrário, em situações e lugares ameaçadores, há aumento da contração. Assim, se há medo, há encolhimento do corpo, seja diante de um perigo real e atual, seja por uma ameaça guardada na forma de registro somático. Essa forma de compreender a vida e suas manifestações como algo pulsante, em movimentos de sístole e diástole, é a maneira como Reich explica o funcionamento vital e suas eventuais intercorrências em virtude de práticas sociais mais ou menos autoritárias.

O prazer reside onde reside a liberdade

Ao localizar na estase da libido o aspecto central da neurose, e baseado em seus estudos clínicos, Reich desenvolve outro conhecido campo de suas pesquisas, chamado de *teoria do orgasmo*[3]. Segundo

---

[3]. A teoria do orgasmo aparece pela primeira vez em 1927, no livro *Psicopatologia e sociologia da vida sexual — A função do orgasmo*. Em 1942, a obra é relançada em edição revista e ampliada, com o título *A função do orgasmo*. Tornou-se conhecida como uma espécie de

ele, o orgasmo sexual, além de promover prazer, teria ainda a função, na vida adulta, de descarregar a libido cronicamente acumulada. Por meio do fluxo livre da energia vital[4] pelo corpo, rompem-se as tensões acumuladas em diferentes áreas, os chamados anéis ou segmentos de couraça. A premissa de atribuir importância central às funções genitais, aspecto também abordado por Freud no mesmo período, faz que Reich reconheça, nos mecanismos culturais, sociais e morais envolvidos no desenvolvimento infantil e juvenil, os responsáveis pelos processos de adoecimento neurótico — sendo estes, em última instância, os inibidores da sexualidade. Assim, ele conclui que, havendo neurose, há algum desequilíbrio da função genital. Ao tentar estabelecer essa correlação, a atividade orgástica passa a ter um significado importante no tratamento da saúde somática e psíquica de seus pacientes. A busca da potência orgástica, já devidamente conhecida em sua obra, vai além da genitalização do prazer: compreende a possibilidade de uma vida pujante e em expansão. Ter orgasmos é experimentar a potência de existir.

Parte de seu objetivo, em terapia, passa a ser dissolver a tensão crônica da couraça neuromuscular e favorecer o livre fluxo da energia vital. Isso ocorre mediante três ferramentas: aumentar a energia no corpo por meio de respiração profunda; atuar sobre os músculos cronicamente tensos com exercícios bioenergéticos, que teriam uma equivalência orgástica do ponto de vista da mobilização da energia

---

autobiografia científica.
4. "Energia vital" é o termo que Reich passa a adotar como redimensionamento da noção de libido em Freud. Também conhecida por bioenergia, depois passará a ser chamada de *orgone* (palavra resultante da fusão de orgasmo + organismo) na fase posterior de suas pesquisas, denominada *orgonomia*. Reich ainda recebeu influência do princípio bergsoniano de *élan vital*: "O princípio de uma força criativa governando a vida não podia ser negado. Assim mesmo, não era satisfatório na medida em que não poderia ser tocado, descrito e tratado objetivamente" (Reich, 2004, p. 30). Reich desenvolveu uma série de pesquisas em laboratório para tentar mensurar as características da bioenergia, sobretudo depois que, com a emergência do nazismo, fugiu da Alemanha e viveu por um período na Escandinávia.

vital; e promover entendimentos sobre as formas de agir e redimensionamentos possíveis das práticas de vida.

Reich para além do corpo em terapia

Aos poucos, Wilhelm Reich se aproxima da sociologia e da política, procurando desvendar como a organização social incide no funcionamento psicológico das pessoas — conexão que, segundo ele, precisava ser mais bem desenvolvida na psicanálise freudiana. Reich afirmava que, ao minimizar o papel da sociedade e de suas intercorrências no comportamento humano, Freud teria dado menor importância à sociologia na produção da neurose:

> De 1927 a setembro de 1930, trabalhei no exterior e fiz todo aquele trabalho sociológico nas bases da sociedade. Neste ponto, surge a decepção de Freud. Penetrei na sociologia, que àquela altura se confundia com ou era idêntica à política. [...] Eu tinha traçado as consequências sociais da teoria da libido. Na concepção de Freud, essa foi a pior coisa que eu fiz. (Reich *apud* Higgings e Rapahel, 1979, p. 52)

A certa altura, seu engajamento clínico havia se fusionado de tal maneira com a militância política e a expectativa de uma transformação social que era impossível separá-las.

Portanto, se é como "psicanalista corporalista" que Reich se torna mais conhecido, sua verve política carrega a marca de um inquieto agitador cultural, em busca de uma mudança concreta da sociedade. Essa força revolucionária que move seu trabalho mistura-se com as distintas passagens de sua vida, constituindo uma espécie de percurso teórico autobiográfico no qual vida e obra se implicam nos movimentos aos quais ele se vinculou. Um acontecimento marcante orienta seu rumo nesse sentido. Em 15 de julho de 1927, Reich presencia o assassinato de grevistas vienenses pelas forças repressoras da polícia, durante um protesto que ocorria pelas ruas da cidade. Procurando repostas para a violência presenciada, filia-se ao Partido Comunista de Viena. Reich acreditava que as análises marxistas poderiam contribuir para a emergência de uma nova ordem social e estabelecer um contraponto ao capitalismo e aos valores a ele acoplados. Nas leituras que fez das obras de Marx e Engels, acreditou ter encontrado o entendimento sobre as condições socioeconômicas e as influências que estas produziriam na formação do caráter das pessoas. Ao mesmo tempo, via na psicanálise a possibilidade de realçar um olhar subjetivo para a militância política que não localizava no partido e, assim, estabelecer uma interface mais direta entre indivíduo e sociedade.

Os anos de 1927 a 1933 marcam uma intensa atividade política de Reich nas cidades de Viena e Berlim. À época, Reich trabalhou no Ambulatório Psicanalítico de Viena, espécie de clínica social psicanalítica e, já em Berlim, criou a Associação Alemã para uma Política Sexual Proletária (Sexpol), onde também atuou. Nesse período, elaborou um conjunto de propostas que iam além de sua prática clínica e tinham contornos de mudança social. Entre elas, podemos citar: a distribuição gratuita de contraceptivos, acompanhada de orientação educacional para o controle da natalidade; a legalização total do aborto; a tentativa de eliminar as doenças sexualmente transmissíveis e a prevenção de problemas sexuais por meio de ensino; o treinamento de médicos, professores e outros profissionais relacionados às demandas da higiene sexual; e o tratamento psicológico, em vez da punição, para os atos considerados crimes ou delitos de ordem sexual.

Já envolvido na escrita de textos com fortes tons freudo-marxistas, ele se dedica à compreensão subjetiva dos fatores emocionais que levam as massas a aderir voluntariamente ao fascismo. Redigido entre 1930 e 1933, o livro *Psicologia de massas do fascismo*

— publicado com recursos próprios depois de ter sido recusado pelo Partido Comunista Alemão — desloca a tese, comum no meio socialista, de que a emergência do nacional-socialismo não se deu em decorrência de fatores macroestruturais, mas em virtude de um comportamento político de base irracional e inconsciente, consequência da miséria emocional do povo alemão. Frutos de uma moral inibidora da sexualidade, crianças e jovens desembocariam na vida adulta como pessoas amedrontadas, submissas e covardes, limitadas em suas possibilidades de revolta. O texto causa espanto ao sugerir que, em certos momentos, as massas desejaram a própria sujeição.

É possível ver em Reich o problema da servidão voluntária trazido por Etienne de La Boétie (1530-1563) séculos antes — e tema ainda atual quando analisamos a dinâmica domínio-assujeitamento. Reich procura explicar, sem se dirigir diretamente a La Boétie, que os processos que levam à neurose estão implicados com a aceitação da autoridade. Para ele, desde cedo somos ensinados a obedecer como condição constituinte das práticas sociais, ao mesmo tempo que a moralidade conservadora se dissemina nas famílias, escolas, fábricas, empresas e na vivência dos vínculos amorosos. O resultado desse processo seria o conservadorismo e o medo da liberdade, elementos que formam a base da mentalidade reacionária. Para La Boétie (2011), e em certa medida também para Reich, o espanto com os efeitos danosos do autoritarismo se dirige mais aos que obedecem e aceitam essa condição do que propriamente àqueles que o produzem.

Vale destacar que a leitura que Wilhelm Reich adotou sobre o poder está atrelada a uma perspectiva repressiva, análise comum ao período em que vivia e que o vincula fortemente com o marxismo. Essa tese será mais tarde contestada por Michel Foucault (1999), no que ficou conhecido como *hipótese Reich*[5]. O impasse entre Reich

---

5. Como sabemos, Reich explorou a interface entre as inibições sexuais e as estruturas de

e Foucault situa-se, sobretudo, no tema da sexualidade. Enquanto o primeiro vê a sexualidade pelo prisma repressivo, o segundo a aborda pela ótica da hipervalorização. Para Foucault, a partir do século 17, mais que uma repressão ao discurso sobre a sexualidade, assistimos a um crescimento do tema. Além disso, falar sobre liberação sexual poderia, na verdade, estabelecer novas formas de controle. Em suas análises, Foucault expande a compreensão sobre o poder para além de seu aspecto repressivo, destacando também seu caráter positivo, que sugere e indica formas de agir e viver. E mais: essas práticas de poder disseminam-se por redes e relações, nos diferentes lugares da malha social. Nessas redes e em suas práticas, o indivíduo, mais que um agente passivo, age simultaneamente como receptor e emissor de poder. Segundo o filósofo, não se trata de ignorar a dimensão institucional do poder — nem os processos de domínio e exploração —, mas de enfatizá-la também nas análises que se situam nas bordas das leituras tradicionais.

Voltemos a Reich. Para ele, os processos inibidores da autonomia do indivíduo começam a operar já na base das relações humanas, por meio do modelo familiar burguês e patriarcal. Ele estava convencido de que a família atua como um Estado em miniatura, já que espelha e reproduz seus nexos de dominação, que aos poucos limitam o interesse de cada um em viver com mais liberdade e poder crítico. Os casamentos — baseados na posse, no machismo e em relacionamentos monogâmicos compulsórios —, assim como a ideia de obediência aos pais e ao pátrio poder, criam uma estrutura vertical baseada na centralidade e no princípio de autoridade.

---

poder, argumentando que a repressão da sexualidade era uma ferramenta usada pelas instituições sociais para controlar e subjugar os indivíduos. Por outro lado, Foucault sugere que a sexualidade não é simplesmente reprimida, mas alvo de uma série de discursos, práticas e saberes que a regulam e a moldam de acordo com as necessidades do poder. É um instrumento pelo qual se exerce o controle sobre os corpos e a identidade dos indivíduos, influenciando sua vida de maneiras sutis e muitas vezes invisíveis.

O processo se inicia na família e se estende a uma série de outras práticas sociais, nas quais a hierarquia é tomada como condição inequívoca, o que tende a acirrar e até mesmo a legitimar as práticas de poder. A despeito das reconfigurações que a família experimentou ao longo dos anos, nas quais o patriarcado estudado por Reich deixou de ser um modelo hegemônico e exclusivo, observamos que esses "novos" arranjos e modalidades familiares ainda conservam alguns desses valores, repaginando e atualizando as práticas de governo das condutas de maneira mais palatável e democrática. O apelo ao casamento, tanto civil quanto religioso, continua a despertar o sonho da unidade matrimonial, não mais apenas entre homens e mulheres, mas em múltiplos formatos.

Reconfiguram-se os modelos, mantêm-se as práticas

A presença cotidiana da autoridade não deve ser confundida com o jeito rude de falar ou com o tom agressivo na voz, ainda que estes possam ser componentes eventuais do autoritarismo. Nos lares, nas escolas e em outros espaços da sociedade, muitas vezes as práticas de dominação vêm dosadas de um tom suave, até meigo, e sempre muito bem-intencionadas, para o "nosso bem". No exercício de governar a vida dos outros, os mecanismos de autoritarismo, ontem e hoje, se transvestem em roupagens mais diversas, que abrangem do pai repressor e violento àquele que ouve e dá "bons conselhos".

Em novembro de 1933, Wilhelm Reich é expulso do Partido Comunista Alemão. Os tensionamentos que passam a ocorrer entre ele e a hierarquia do partido, em virtude de sua abordagem sobre a sexualidade, entram em conflito direto com a ortodoxia marxista e stalinista da época. Reich acreditava que a revolução sexual era crucial para a transformação social e política. Suas ideias sobre uma sexualidade liberada como elemento fundamental para a emancipação das massas e para uma sociedade mais justa e igualitária eram consideradas polêmicas e até mesmo contrarrevolucionárias por muitos comunistas da época, que viam esse tema em termos mais conservadores ou o consideravam uma problemática menor diante da luta de classe. Depois de ser expulso do partido, seus escritos ficaram banidos da extinta União Soviética entre 1934 e 1937.

Já fora do partido e da psicanálise[6], Reich passa a adotar um tom de forte crítica ao comunismo, utilizando com frequência a expressão *fascismo vermelho* para descrever uma forma de autoritarismo que ele percebia ter emergido dentro dos próprios movimentos de esquerda, sobretudo no contexto do stalinismo. Para ele, o fascismo vermelho foi o exemplo mais direto do socialismo de Estado na experiência soviética, na medida em que se tornava cada vez mais totalitário, reprimindo a dissidência e suprimindo liberdades individuais em nome da ideologia comunista.

Nesse aspecto, Reich se aproxima das análises antiautoritárias comuns nos anarquismos. As críticas que ele direciona ao centralismo e à hierarquia, nos partidos comunistas e na antiga União Soviética, se assemelham àquelas apontadas pelos anarquistas ainda no século 19, quando denunciavam a falácia de associar socialismo a autoritarismo. No entanto, Reich não rompe com o marxismo, mas apenas com o que considerava ser um desvio de sua prática pelo stalinismo. Também nunca se declarou anarquista.

Entre os psicanalistas, quem se vinculou de maneira direta ao movimento anarquista no início do século 20 foi Otto Gross[7]

---

6. Em agosto de 1934, por ocasião do XIII Congresso Internacional de Psicanálise realizado em Lucerna, na Suíça, Wilhelm Reich é expulso também da Sociedade Internacional de Psicanálise. Seu vínculo com a militância política o levou ao crescente embate com a comunidade psicanalítica ortodoxa, assim como suas ideias radicais sobre sexualidade e as abordagens terapêuticas adotadas em dissonância com as teorias de Sigmund Freud foram decisivas para sua expulsão.
7. O austríaco Otto Gross continua sendo uma figura desconhecida até mesmo entre psicólogos e psicanalistas. Apesar de ter sido próximo a Freud e Jung, e de ter sido visto como um promissor psicanalista, Gross — considerado promíscuo, louco e dependente

(1877-1920). Personagem herético da ortodoxia psicanalista, Gross despertou a ira dos colegas ao propor que a psicanálise tivesse um programa de ação revolucionário, algo a que Freud se opunha explicitamente. Assim como Reich, Gross foi segregado do meio psicanalítico por seu engajamento político, em um círculo supostamente científico em que esse tipo de debate não era bem visto. Vinte anos após os conflitos entre Gross e a psicanálise, Reich também foi abertamente criticado por seus pares em virtude de suas lutas políticas. Depois de deixar o meio psicanalítico e comunista, aproximou-se de alguns anarquismos — ao menos em determinadas leituras, como veremos a seguir.

Wilhelm Reich entre anarquistas

No livro *Paixão de juventude — Uma autobiografia* (1996), Reich se dedica a descrever os perturbadores acontecimentos vivenciados desde a infância até o início da vida adulta, quando entra no círculo psicanalítico de Viena. Em uma mistura de diário de bordo e de memórias, escrito durante a primeira metade do curso de Medicina, Reich expõe aspectos da vida rural e de seu núcleo familiar; as primeiras evidências sobre as diferenças sociais que observa entre ele e os filhos dos funcionários da fazenda; a rigidez autoritária do pai e o fato marcante do suicídio da mãe. Ele, que recebera educação formal em casa, revela ao pai a traição da mãe com um tutor, episódio que desemboca na tragédia.

O livro traz, ainda, relatos dos anos em que Reich, no exército do Império Austro-Húngaro, lutou na Primeira Guerra Mundial, o que

---

químico — foi banido do meio. A proximidade com os anarquismos gerava desconforto por sua atitude de recusa a qualquer tipo de autoridade coercitiva e por sua defesa do amor livre e da emancipação feminina. Tais temas eram tabu inclusive entre seus pares, que lutavam por reconhecimento na cena intelectual da época. Para saber mais sobre o assunto, ver Checchia, Souza Jr. e Lima, 2017.

o fez entrar em contato com os horrores do conflito bélico. Todos esses fatos se tornam marcantes em sua trajetória como psicanalista e militante político. Reich dedica especial interesse aos efeitos nefastos do patriarcado, da família burguesa e do autoritarismo social na experiência humana, possivelmente a partir dessas vivências pessoais e daquelas observadas em sua clínica e nos movimentos políticos nos quais se envolveu.

É nesse pequeno livro que Reich se revela leitor de dois anarquistas: Max Stirner (1806-1856) e Gustav Landauer (1870-1919). O notório vínculo que Reich estabelece com o marxismo deixa essas afinidades um tanto quanto apagadas (e até mesmo desconhecidas). Mas é possível vê-las em escritos e temas que desenvolve, assim como no desejo de ver emergir uma sociedade mais igualitária e, portanto, menos inibidora das pulsões de vida.

A aproximação com Max Stirner ocorreu pela leitura do livro *O único e sua propriedade*, desse autor que figura na história das ideias como filósofo anarquista e como um dos primeiros anarcoindividualistas. A obra foi publicada em 1844 e, logo depois, banida nos meios intelectuais europeus. Deve-se ao poeta anarquista John MacKay a "redescoberta" de Stirner em finais do século 19. Da ira provocada em Karl Marx às influências sobre Friedrich Nietzsche, o livro terá um segundo momento de resgate com Francis Picabia e Michel Duchamp, e um terceiro momento com Jacques Derrida, Michel Foucault e Gilles Deleuze.

Stirner radicaliza a defesa do *único* e declara guerra às religiões, a seus dogmas e valores; ataca a política, o Estado e os governos; argumenta contra a sociedade, a família, o sistema educacional, o direito de herança, o povo; a moral, seus valores, o bem e o mal. Apenas uma coisa se salva na demolidora crítica stirneriana: seu *eu*, como *único* capaz de autoconduzir sua existência e realizar os próprios interesses, sem ser limitado por qualquer norma ou autoridade externa. A recusa de um eventual além-mundo e suas transcendências faz de seu pensamento algo atual e imanente.

Ao defender o egoísmo, Stirner busca diferenciá-lo de seu sentido tradicional e liberal, pensando-o como uma escolha radical capaz de levar cada único a buscar a própria vitalidade e força. A associação entre egoístas é vista por ele como uma sociabilidade possível para se evitar o domínio de uns sobre outros. O único se associará a um, dois, três ou quantos outros únicos sejam necessários a fim de somar energias e realizar seus objetivos, tomando o devido cuidado de evitar cristalizações institucionais e de valor universal. Reich (1996, p. 116) recorre ao insurreto individualista em suas memórias, e afirma:

> Aqui tomo a posição de Stirner [...] e preciso dizer: Não, eu não quero servir; eu quero estabelecer o espírito dentro de mim. Se eu fizer isso e cada um fizer o mesmo, então o espírito objetivo [...] estará presente. Não desejo criar um novo deus e depois fazer minha individualidade rastejar atrás dele, não importa que nome ele tenha. Eu clamo por oposição a tudo que está acima de mim. Eu não quero servir a comunidade acima de qualquer coisa [...] e depois tentar ser eu mesmo. Repudio esse modo diferente de coerção a partir do exterior, pois se eu presto serviço a mim mesmo, isso é feito para o bem da comunidade. [...]

Outra proximidade com os anarquismos surge em decorrência da leitura de *Apelo ao socialismo*, do anarquista alemão Gustav Landauer. Reich havia recebido o livro de sua colega de faculdade Lia Laszky, em 1920. Na obra, Landauer enfatiza a necessidade de uma comunidade solidária e cooperativa, na qual as pessoas possam satisfazer suas necessidades materiais e espirituais sem explorar ou dominar umas às outras. Ele ainda ressalta a importância da cultura, da educação e da arte para a emergência de uma sociedade livre e criativa. Inspira-se em outros anarquistas da época — sobretudo no russo Piotr

Kropotkin e em seu *Apoio mútuo* — para opor ao Estado centralizado a regeneração da sociedade pelo surgimento de uma nova rede de estruturas autônomas, inspiradas nas comunidades pré-capitalistas. Landauer busca na teoria de Kropotkin a importância da ajuda mútua e de um arranjo social antiautoritário, capaz de fazer um contraponto ao capitalismo e ao modelo civilizacional baseado na competição e no domínio. Os modos de vida comunitária e descentralizada, segundo ele, haviam sido perdidos pela emergência do Estado moderno, que levara ao declínio da vida social mais horizontal.

De certo modo, as leituras tanto de Stirner quanto de Landauer podem ter influenciado Reich em suas orientações teóricas e nos movimentos políticos com os quais se envolveu. A despeito de sua passagem pelos partidos comunistas vienense e alemão, Reich nunca foi bem aceito no meio, que o via com demasiada desconfiança por sua insistência no tema da sexualidade. Em mais uma passagem pelas memórias que marcam sua autobiografia de juventude, ele escreve o que mais tarde será mais bem explicitado ao deparar-se com o centralismo e o autoritarismo da política partidária:

> O modo como os comunistas insultam os social-democratas — repugnante! Eles atacam o conselho da classe operária social-democrática como um bando de cachorros loucos por causa de uma ação; em outras palavras, eles agem exatamente do mesmo modo que os socialistas-cristãos. E os social-democratas? São iguais! Ugh! Sim, se ao menos se pudesse encontrar um grupo que funcionasse fora da mira das maquinações políticas, que sempre, não importa qual a origem, carregam o estigma de poder e egoísmo. Tais grupos precisam ser trazidos à existência! Eles precisam germinar em espírito. (Reich, 1996, p. 125)

Na verdade, esses grupos já existiam nas experiências libertárias, e Reich não conhecia a fundo as práticas anarquistas para perceber que é possível praticar vida sem a égide das relações de domínio, em geral presentes nos grupos nos quais militara.

    Ao longo do século 20, ao menos dois pensadores anarquistas foram leitores de Wilhelm Reich: o francês Daniel Guérin (1904-1988) e o americano Paul Goodman (1911-1972). Guérin escreve *Um ensaio sobre a revolução sexual*, que alinha Wilhelm Reich a Alfred Kinsey. Partindo das análises reichianas sobre os efeitos emocionais diante dos bloqueios sexuais, Guérin (1980) ressalta que o psicanalista e seu viés marxista tentam explicar a repressão à sexualidade como de origem social e econômica — e não biológica —, derivada da emergência da propriedade privada e do patriarcado. Guérin dirige sua crítica, como também fez Reich, ao arranjo melancólico do casamento burguês compulsório e a seu erotismo quando reduzido à esfera genital, e condiciona a revolução sexual a uma ampla mudança da sociedade. No ensaio, amplia a ideia de liberdade sexual para a própria concepção de liberdade social e entende que o exercício livre da sexualidade vai além de qualquer formalismo ou enquadramento. No entanto, não poupa críticas ao que considera uma postura conservadora assumida por Reich diante da homossexualidade[8]. Seu aberto engajamento nas lutas pela liberação gay, pelo amor livre e pela autogestão o leva ao embate direto com o olhar reichiano sobre o tema. Em distintos textos e em diferentes momentos de sua obra, as ideias de Reich sobre a potência orgástica são elaboradas tomando por base a heterossexualidade.

    Outro anarquista influenciado pelo pensamento reichiano foi o escritor Paul Goodman, personagem marcante na contracultura estadunidense. Goodman fez parte do grupo inicial que concebeu a Gestalt-terapia e foi coautor de *Gestalt therapy*, publicado em 1951.

---

8. Sobre as polêmicas ideias de Wilhelm Reich relativas à homossexualidade, ver: "Reich e o tema da homossexualidade", palestra proferida por Paulo Albertini no canal do YouTube de Juviniano Resende. Disponível em: https://www.youtube.com/watch?v=HhtJTwCUGhY. Acesso em: 14 jun. 2024.

Assinada também por Ralph Hefferline e Frederick Perls, a obra foi fundamental na emergência da Gestalt. Tanto Fritz Perls quanto sua companheira, Laura, foram afetados pelas contribuições libertárias de Goodman, como também pelas de Wilhelm Reich, de quem foram amigos. Ambos incorporaram elementos de sua prática clínica.

Leitor assíduo de Reich, Goodman acreditava que um dos motivos da neurose contemporânea estava atrelado às formas de inibição da sexualidade. Para ele, o indivíduo é levado, desde cedo, a conviver com valores e mecanismos que incidem sobre a sexualidade e a criatividade, limitando suas experiências sociais. Encontrou em Reich o entendimento psicológico de tais efeitos e, nos anarquismos, a leitura crítica sobre as formas de centralidade e burocracia que incidem na vida e tornam o potencial humano limitado.

Vivificando na própria existência os horrores da moralidade conservadora, Goodman afirmou que todo entrave ao exercício da sexualidade é nocivo à sociedade e despersonaliza as singularidades, gerando hostilidade e sofrimento emocional. No texto autobiográfico *Being queer* (2012), ele descreve como foi demitido de três universidades onde lecionou por ser acusado de ter um comportamento *queer* e demasiado promíscuo. O antimilitarismo foi outro tema que o levou a aproximar-se da anarquia, especialmente na perspectiva anarcopacifista, bem como a crítica ao formalismo educacional como modo massificador de ensino, sobre o qual a escolarização tende a operar.

Para além do discernimento que Wilhelm Reich desenvolveu sobre os efeitos danosos do autoritarismo social na vida das pessoas, algo também comum nas experimentações ácratas e nos debates entre anarquistas, em ao menos dois campos conceituais de sua obra é possível estabelecer laços com os anarquismos: as ideias de *autorregulação* e *democracia natural do trabalho*.

O conceito de autorregulação aparece em diversos momentos da obra reichiana. Funcionando como um princípio básico de experiência humana, indica que, além dos aprendizados relacionados aos costumes culturais e sociais, cada pessoa tem as condições necessárias para conduzir sua vida de maneira singular e satisfatória. São precisamente os bloqueios externos, resultantes das incidências mais ou menos autoritárias no desenvolvimento do caráter, que dificultam que as pessoas reconheçam o que lhes é próprio e acabam por dificultar o exercício autoral de viver. Ao afastar-se da autorregulação, a pessoa tende a adotar referenciais exteriores, oriundos dos valores morais, da educação familiar e escolar, da mídia e das redes sociais, por exemplo. A partir daí, surge o que chamamos de heterorregulação: acolher formas e jeitos de conduzir a própria existência com base no que vem de fora, distante de uma "escuta de si" — o que possibilita, também, uma relação de poder e de governo de um sobre outros. Muitas vezes, esse exercício de governo ganha uma camada de generosidade e bondade, o que pode ser ainda mais perigoso. É possível colocar-se disponível para o outro sem que isso implique indicar caminhos, já que aí reside uma perigosa cilada. É na micropolítica das relações cotidianas, em particular as afetivas, que operam as práticas que minam a capacidade de cada indivíduo autorregular sua existência.

A autorregulação esboçada por Reich encontra ressonância em um tema central para a vida anarquista: a necessária luta por autonomia no exercício cotidiano de um governo de si. Governar a própria existência é uma prática que se realiza junto com o outro, em uma dinâmica infindável que transita entre as práticas de poder e de liberdade. O desafio da vida libertária está em forjar outro sentido de existência, ancorado no autogoverno e na tentativa de dar forma à liberdade.

No caso da democracia natural do trabalho, que surge em textos reunidos nos últimos capítulos da edição de 1946 de *Psicologia de massas do fascismo*, Reich sugere que a coletividade seja baseada na responsabilidade de cada um, por meio da autodeterminação. Há certa postura otimista perante a atividade laboral prazerosa e vitalmente necessária como contraponto ao trabalho alienado. De saída, Reich (1988, p. 238) define que

> a democracia do trabalho é o processo natural do amor, do trabalho e do conhecimento, que governou, governa e continuará governando a economia e a vida social e cultural do homem, enquanto houver uma sociedade. A democracia do trabalho é a soma de todas as funções da vida, governada pelas relações racionais interpessoais, que nasceram, cresceram e se desenvolveram de uma maneira natural e orgânica.

Para isso, não deverá estar inscrita em qualquer manual político nem fazer parte de um programa de governo, mas emergir "naturalmente" a partir do que denomina *trabalho vitalmente necessário* para a sociedade. Em contrapartida, alega que o *trabalho não vitalmente necessário* é fruto das ideologias políticas e da irracionalidade, estando presente na maioria dos casos.

A crítica à democracia representativa é cara aos anarquismos. Seja pelo uso do instrumento do voto e de seu apelo à maioria, seja pela lógica da política partidária, os anarquismos veem na democracia um instrumento de fortalecimento e/ou aperfeiçoamento do Estado e de suas alianças com o capital. Um paralelo possível com a *democracia natural do trabalho* seria a ideia de autogestão anarquista, que remete a uma prática e a um projeto social que ocorrem na contínua fragmentação do exercício do poder. A autogestão libertária implica, entre outras coisas, a auto-organização; o apoio mútuo; a valorização das diferenças individuais a fim de formar unidades na diversidade; e a recusa de práticas heterogestoras, hierarquizadas, centralizadoras e autoritárias no âmbito das sociabilidades. Assim, trata-se de práticas contrárias à concepção estatal e que emergem por meios antiautoritários. O ponto comum, pelo qual seria possível associá-las, está na necessária regulação/governo de si como fator intrínseco para uma sociabilidade não hierarquizada, inscrita em práticas de liberdade e em contextos práticos. O irracionalismo político, que Reich aponta como deformador do trabalho vital, pode ser tomado pelos anarquismos como os vínculos de mando e obediência nas práticas sociais. Nos dois casos, da democracia natural do trabalho à autogestão, coloca-se a complexa dinâmica estabelecida na relação entre o *eu* e o *outro* — ou, ainda, entre a autonomia individual e a liberdade social, que embora pareçam configurar esferas dicotômicas, funcionam em acoplagens infindáveis.

No Brasil, um anarquista que topicalizou as teorias de Wilhelm Reich

Se o encontro com os anarquismos surge de maneira transversal em Wilhelm Reich, pela leitura de Stirner e Landauer, ou reverbera em Guérin e Goodman, ela se faz fundamental para o anárquico Roberto Freire (1927-2008). Entre o chamado campo reichiano no Brasil, não há quem tenha estabelecido essa união, e de tal maneira explícita, entre Reich e os anarquismos. É dessa interface que Freire desenvolve o próprio método terapêutico, que tem fortes tons da teoria reichiana mesclados com a cultura libertária (Freire, 1988, 1992; Freire *et al.*, 2006; Mata, 2020). A somaterapia[9], ou apenas soma, associa práticas corporais de bases reichianas (inclusive a arte-luta da capoeira angola[10]) a dinâmicas de grupo em uma perspectiva autogestionária. Depois de abandonar o método psicanalítico, no início dos anos de 1960, Roberto envereda pelo teatro, pelo jornalismo e pela luta política diante dos fascismos oriundos do golpe civil-militar, percursos

---

9. Para saber mais sobre a somaterapia, acessar o sítio: http://www.somaterapia.com.br ou o canal de YouTube Somaterapia.
10. Para uma leitura mais detalhada sobre a relação da capoeira angola como instrumento terapêutico numa perspectiva reichiana e sua presença na prática da somaterapia, ver Mata, 2014.

fundamentais para a emergência de um processo terapêutico explicitamente antiautoritário.

Freire foi psiquiatra e psicanalista e, apesar de seus estudos nessas áreas, não havia tido contato com a obra reichiana até aquele momento. Naquela época, as contribuições reichianas foram tanto apagadas quanto negligenciadas — algo que, em certa medida, acontece até hoje. No âmbito universitário brasileiro, poucas faculdades de psicologia disponibilizam alguma disciplina sobre seu pensamento e sua obra.

Freire teve acesso à obra reichiana por meio do teatro, com a companhia anarquista estadunidense The Living Theatre. Fundada em 1947 por Julian Beck e Judith Malina, a companhia de teatro experimental recebeu forte influência das ideias de Reich, notadamente através da importância da expressão emocional pelo corpo, das práticas de liberação sexual e da crítica aos valores moralizantes da sociedade burguesa. Beck e Malina viam, nas ideias de Reich, elementos que indicavam a necessidade de uma revolução cultural que liberasse os indivíduos das amarras sociais e permitisse uma expressividade mais autêntica e emocionalmente plena.

Em uma espécie de autoexílio diante da repressão política vivida na ditadura, Freire parte para Paris, em 1968, e assiste ao espetáculo "Paradise now". Como experiência de teatro radical, a peça é uma mistura de performance, ritual e protesto político. Seu título sugere uma perspectiva de mundo transformado, liberado das amarras sociais e das normas opressivas. "Paradise now" é encenada em um momento de forte efervescência cultural que eclodia em vários pontos do planeta. É quando também há o retorno do pensamento de Wilhelm Reich à cena intelectual e política, depois do ostracismo em que fora colocado. Com as bandeiras negras anarquistas, Reich é resgatado como pensador original que traz, em seus discursos, temas que logo se tornariam pautas dos movimentos de contestação social, como a liberação do corpo, da sexualidade e das amarras do casamento compulsório.

De volta da Europa, e vivendo a agitação cultural que também sacudia o país, Freire aprofunda seus estudos na obra do dissidente psicanalítico e ensaia seu retorno ao campo terapêutico. Nesse período, vivia-se no Brasil, de um lado, a luta de pessoas contra as imposições autoritárias e violentas dos militares; e, de outro, a aceitação passiva de grande parte da população, que apoiava e até mesmo legitimava o golpe militar. A emergência da somaterapia passou a funcionar como uma espécie de *antipsicoterapia* diante da sociedade burguesa da época e de seu apreço pelo atraso. A leitura reichiana que adotamos, implicada com a cultura libertária e liberada do conservadorismo, serviu e continua servindo como atitude política para além da esfera psicológica. Em determinados momentos, explicitar essa vertente libertária nos colocou em rota de colisão com muitos reichianos no Brasil e até mesmo com anarquistas.

Sobre a prática política dos profissionais *psi* no Brasil sob o manto da ditadura, a pesquisadora Cecília Coimbra (1995, p. 287) afirma:

> De todos os chamados "corporalistas", tanto paulistas quanto cariocas, o único, sem dúvida, que traz em seus discursos a palavra política de forma clara é Roberto Freire. Mesmo aqueles — e não são poucos — que nos anos 1960 e 1970, de uma forma ou de outra, possuem alguma vinculação com a luta de resistência que se trava no Brasil, ao aderirem às terapias "corporais" e ao aceitarem os princípios do Potencial Humano (em sua fase de expansão na década de 70), perdem em muitos aspectos o que seja a implicação de suas práticas com diferentes movimentos sociais. (Coimbra, 1995, p. 287)

A pesquisa desenvolvida por Coimbra traça uma genealogia em torno do papel da psicologia durante a ditadura e aponta a participação permissiva, e até mesmo colaborativa, de muitos profissionais com os agentes da repressão militar.

Constituindo-se como processo em grupo, as práticas corporais articuladas às dinâmicas associativas libertárias fazem da soma um experimento único no campo das psicoterapias. Ali estão inscritas a importância da corporeidade — explicitada no nome *soma* (do grego, "corpo") — e o debate em torno das práticas de poder e de liberdade vivificadas no laboratório social a que se planeia o grupo, elementos que marcam a perspectiva reichiana. Destaco, ainda, a ideia de organização vital da Gestalt-terapia e os estudos sobre pragmática da comunicação humana, contemplados na antipsiquiatria. A presença dos anarquismos, característica mais singular da soma, aparece como elemento ético-político, ampliando a dimensão psicológica do comportamento por meio de uma analítica do poder e de questões do tempo presente. A leitura libertária da obra de Reich que realizamos na soma carrega, portanto, a insurgência da vida liberada, do escândalo como acontecimento existencial e do tesão como revolta diante das acomodações.

Mas o que significa uma terapia reichiana anarquista? Decerto, não se trata de uma formação política. Antes de mais nada, ela objetiva criar formas e métodos antiautoritários no fazer terapêutico — ou seja, pôr em perspectiva a figura do terapeuta, que muitas vezes ocupa um lugar de poder — e, ao mesmo tempo, questionar o lugar passivo na aceitação da autoridade por parte de cada um. Ao propormos uma metodologia autogestionária, também procuramos explicitar os microautoritarismos engendrados nos comportamentos e experimentar a emergência de sociabilidades que busquem substituir os vínculos pautados no controle e na obediência por relações de apoio mútuo e pelo reconhecimento das singularidades. É assim que procuramos ampliar a compreensão reichiana da neurose como fenômeno social e político, e as possíveis maneiras de conhecer novos arranjos envolvidos na dinâmica entre si e o outro.

Funcionando exclusivamente em grupos, a soma combate a ideia de que, como acontece no senso comum, a cura se dá quando se eliminam os conflitos, algo tão falso quanto abstrato se pensarmos que vivemos em uma sociedade autoritária e neurotizante. Afastado dessa fantasia quase metafísica, o processo da soma traz um conjunto de instrumentos e ferramentas para auxiliar cada pessoa na luta agonística, cotidiana e incessante pelo incremento de práticas de liberdade, sempre que possível junto a um outro em relação. O incremento de autonomia no plano emocional-psicológico é inseparável dos planos social e político.

Essa forma de entender o processo terapêutico nos leva a pensá-lo como espaço de criação de novos modos de existir, elaborados a partir de percursos autorais para, então, desembocar na vida como obra de arte. Qualquer mudança ética de si passa inevitavelmente pelo redimensionamento das sociabilidades instauradas na vida cotidiana a partir de outras, mais libertárias e potentes. É assim que compreendemos ser a finalidade dos processos terapêuticos: não basta compreender os bloqueios neuróticos, afrouxar a couraça ou reduzir os sintomas; é preciso reconfigurar nossas maneiras de viver.

Por fim, é importante salientar a atualidade das análises reichianas para o campo da psicologia. Apesar de suas pesquisas estarem inseridas em um contexto que ficou conhecido como *sociedade disciplinar*[11], o desafio de quem articula seu pensamento está em situá-lo nas configurações da atual *sociedade de controle*[12], na qual a vigilância

---

11. Conceito desenvolvido pelo filósofo francês Michel Foucault (1926-1984). Ele descreve um tipo de sociedade que utiliza mecanismos de vigilância, controle e disciplina para regular o comportamento das pessoas. Essa forma de sociedade é caracterizada por instituições como presídios, escolas, hospitais e fábricas, que exercem controle sobre os indivíduos através de regras, normas e punições. Esse conceito é mais bem explicitado em *Vigiar e punir — Nascimento da prisão* (1997), em que Foucault discute o avanço dos sistemas punitivos e de controle social ao longo da história ocidental.

12. Conceito explicitado pelo filósofo francês Gilles Deleuze (1925-1995). No ensaio "*Post-scriptum* sobre as sociedades de controle" (1998), ele argumenta que as sociedades contemporâneas estão se movendo para além da estrutura da sociedade disciplinar descrita por Foucault, em direção a formas mais fluidas e dispersas de controle social. Segundo Deleuze, na atual sociedade de controle, o poder deixa de ser exercido apenas por instituições centralizadas, passando a adotar, por meio de mecanismos de vigilância, tecnologia e economia, maneiras mais sutis e eficientes de subjetivação e governo das condutas.

dos corpos e das condutas ocorrem para além dos ambientes fechados e confinados. Agora, o que está em jogo é o monitoramento a céu aberto, contínuo, ininterrupto e de comunicação instantânea. As novas tecnologias computo-informacionais produzirem novos saberes sobre os indivíduos, ampliam o controle dos corpos e abrem, portanto, necessários debates sobre a obra reichiana. Nas atuais configurações do capitalismo contemporâneo, sob a hegemonia da racionalidade neoliberal e o incremento de subjetividades esgotadas, observar questões quase elementares como escutar o corpo e perceber como respiramos, como nos movimentamos no espaço, o que nos gera prazer ou medo, por exemplo, constituem formas possíveis de manter presente a dimensão do *vivo*, como nos alertou Reich.

Tais reflexões devem fazer parte do olhar atento de quem pratica uma clínica que anda ao lado dessa sabedoria do corpo e de seus possíveis atravessamentos por temas sociais e políticos do tempo presente. A despeito das assimilações e capturas pelas quais a obra reichiana passa, seja por meio de um esvaziamento crítico, seja quando se distancia dessas análises, ela se mantém relevante para aqueles que insistem em estabelecer paralelos com campos de saber que transcendam a psicologia, como constatamos nos diferentes capítulos deste livro.

Referências

CHECCHIA, Marcelo; SOUZA JR., Paulo Sérgio de; LIMA, Rafael Alves de (orgs.). *Otto Gros — Por uma psicanálise revolucionária*. São Paulo: Annablume, 2017.

COIMBRA, Cecília. *Guardiões da ordem — Uma viagem pelas práticas psi no Brasil do "Milagre"*. Rio de Janeiro: Oficina do Autor, 1995.

DELEUZE, Gilles. "*Post-scriptum* sobre as sociedades de controle". In: *Conversações*. Tradução de Peter Pál Pelbart. Rio de Janeiro: Editora 34, 1998.

Foucault, Michel. *Vigiar e punir — Nascimento da prisão*. Petrópolis: Vozes, 1997.

Freire, Roberto. *Soma — Uma terapia anarquista: a alma é o corpo*. Rio de Janeiro: Guanabara, 1988. v. 1

_____. *Soma — Uma terapia anarquista: a arma é o corpo*. Rio de Janeiro: Guanabara, 1992. v. 2.

Freire, Roberto et al. *O tesão pela vida*. São Paulo: Francis, 2006.

Goodman, Paul. *Being queer*. Tradução de Chico Moreira Guedes. Rio de Janeiro: Bagoas, 2012.

Guérin, Daniel. *Um ensaio sobre a revolução sexual*. São Paulo: Brasiliense, 1980.

Higgins, Mary; Raphael, Chester. *Reich fala de Freud*. Lisboa: Moraes, 1979.

La Boétie, Étienne de. *Discurso da servidão voluntária*. São Paulo: Martin Claret, 2011.

Launder, Gustav. *Incitación al socialismo*. Buenos Aires: Editorial Americal, 1947.

Mata, João da. *A arte-luta da capoeira angola e práticas libertárias*. Tese (doutorado em Psicologia) — Universidade Federal Fluminense, Niterói, 2014. Disponível em: http://slab.uff.br/wp-content/uploads/sites/101/2021/06/2014_t_JoaodaMata.pdf. Acesso em: 14 jun. 2024.

_____. *Introdução à soma — Terapia e pedagogia anarquista do corpo*. São Paulo: Hedra, 2020.

uploads/sites/101/2021/06/2014_t_JoaodaMata.pdf. Acesso em: 14 jun. 2024.

Reich, Wilhelm. *A revolução sexual*. Rio de Janeiro: Zahar, 1976.

_____. *Psicologia de massas do fascismo*. São Paulo: Martins Fontes, 1988.

_____. *Paixão de juventude — Uma autobiografia*. São Paulo: Brasiliense, 1996.

_____. *Análise do caráter*. São Paulo: Martins Fontes, 1998.

_____. *A função do orgasmo*. São Paulo: Brasiliense, 2004.

_____. *Psicologia de massas do fascismo*. Tradução de Maria da Graça M. Macedo. 3. ed. São Paulo: Martins Fontes, 2019.

STIRNER, Max. *O único e sua propriedade*. Lisboa: Antígona, 2004.

5. Reich e os anarquismos

EDSON PASSETTI

É sabido que Reich, desde sempre, esteve conectado com o pensamento de Marx, Engels e Lenin. Em uma obra imensa e intensa, ele procurou conectar economia socialista, psicologia e economia sexual, temas compatíveis com a superação da exploração e da repressão.

Reich foi um dos primeiros a rever os desdobramentos do marxismo na Revolução Russa e na conduta de Josef Stalin, a quem considerava muito próximo de Adolf Hitler. Não só pelo pacto político totalitário consagrado (Molotov-Ribbentrop, de 23 de agosto de 1939, dias antes do início da Segunda Guerra Mundial), mas também por alavancar ideias e práticas de governo e repressão e promover um investimento estruturante no medo das massas e no nacionalismo. Reich é um pensador marxista contra Stalin, um declarado preservador das ideias originais e reais de Marx e das relações de poder como repressivas.[1]

Mais ainda, e preferencialmente, Reich é um dos pensadores da chamada revolução sexual no século 20. E é aqui que ele se acerca de certos anarquismos voltados para mudanças nos costumes; porém, foi mais próximo dos anarquistas organizativos enquanto ideal de superação da estrutura de exploração e de dominação. Para ele, todos os anarquismos eram utópicos, apesar de professarem, como o marxismo, a vida de costumes livres, capaz de superar os medos e levar adiante a autogestão, desconhecedora de nações, Estados e gente como propriedade de si e dos outros. Reich, enfim, não nutre amistosidades com os anarquismos.

Neste breve estudo, pretendo trazer *Psicologia de massas do fascismo*, pensado na Alemanha desde 1930, publicado na Dinamarca em 1934 e mais tarde revisado e editado em 1944, nos Estados Unidos, livro no qual Reich situa a psicologia das massas e as lutas contra sua cooptação. Há nessa obra a pertinente atualidade de Reich, com destaque para o fascismo, mas não só, pois é também uma referência à crítica à ressuscitação e assimilação do stalinismo como pensamento hegemônico entre marxistas (o que se imaginava ter restado como pó levado pelo ar). Por suas pesquisas nos campos do poder e do sexo, foi notado, a partir da segunda metade do século 20, fora do meio marxista e freudiano, por pensadores como Michel Foucault, Gilles Deleuze, Paul Goodman, Daniel Guérin e outros, convencidos do parentesco entre marxismo e anarquismo e voltados para a liberação sexual, caso do anarquista Hakim Bey (Peter Lamborn Wilson).

---

1. Foucault (2014), ao seu modo, mostra como a teoria geral marxista ou liberal indica os mesmos caracteres repressivos das relações de poder com a soberania. Ainda sobre a interdição e repressão do poder, ver Foucault, 2004b, p. 56-76.

Um ponto suplementar é o da relação da somaterapia com Wilhelm Reich estabelecida por Roberto Freire e continuada e ampliada por João da Mata, o mote deste livro. Reich escreve no tempo de uma avalanche contra a repressão sexual que eclodirá depois da Segunda Guerra Mundial.

Proponho a análise de uma modulação acerca de Reich, passando por Michel Foucault e certos anarquismos, sem esquecer que Reich ignoraria esse filósofo e manteria a repulsa corriqueira do marxismo pelo anarquismo.

Um marxismo contra muitos marxismos?

Antes de tudo, Wilhelm Reich, em *Psicologia de massas do fascismo*, é um pensador que pretende restaurar o *verdadeiro* marxismo, deturpado por Stalin. Não cabe, nos limites desta análise, questionar sua leitura, confrontando-a com acontecimentos históricos — como o comunismo de guerra, a instituição da Nova Política Econômica (NEP, na sigla em russo), os impasses de Lenin devido ao crescimento da burocracia —, e muito menos contrastar tudo isso com a crítica anarquista sobre socialismo autoritário (bolchevismo e estatização da economia) e ditadura do proletariado (ditadura simplesmente), sempre atual desde o século 19.

Na segunda metade do século 20, com a revisão crítica do stalinismo e do papel dos partidos comunistas no Ocidente, certas correntes investirão em "marxismo libertário" ou "comunismo libertário"; em um suposto parentesco entre anarquismo e comunismo; na relação estabelecida e absorvida por Mikhail Bakunin da análise econômica de Marx e da perspectiva antiestatal de Pierre-Joseph Proudhon; no anarcossindicalismo, que opõe sindicatos livres à condução da consciência da revolução pelo partido; na vizinhança entre organização especifista da revolução anarquista e organização conspiratória da revolução leninista; na ênfase analítica das relações de poder entre anarquistas e na teoria do poder em Marx, que gerou, inclusive, tentativas de formulação da teoria anarquista do poder, no início do século 21, pelos libertários estadunidenses que se predispõem a governar "democraticamente" o anarquismo; na distinção definitiva entre socialismo libertário, sem propriedade e Estado, de socialismo autoritário, fundado na ocupação do aparelho de Estado e na redefinição da propriedade, desde os confrontos na Internacional de 1864. Portanto, há uma separação nítida entre marxismo(s) e anarquismo(s), entre o governo de uma teoria totalizante e as experimentações de multiplicidades.

O sexo, em si, não cabe em uma teoria como elemento do desejo; o sexo é feito de relações de gozo e prazer. Em qualquer teoria, ele é mando, comando, punição e subordinação da parceria.

Segundo Mary Higgins, no prefácio do livro de Reich (2001, p. xii), o fascismo é a "expressão da estrutura irracional do caráter do homem médio", considerando milênios do exercício autoritário da família e da Igreja. Para Reich (2001, p. xvii-xxv, grifos do autor),

> o fascismo, na sua forma mais pura, é o somatório de todas as reações irracionais do caráter do homem médio. [...] A teoria racial não é uma criação do fascismo. Pelo contrário, o fascismo é um produto do ódio racial e sua expressão politicamente organizada. Por conseguinte, não existe fascismo alemão, italiano, espanhol, anglo-saxônico, judeu e árabe. A *ideologia da raça é uma grande expressão biopática da estrutura do caráter do homem orgasticamente impotente*. [...] O fascismo é a expressão máxima do misticismo religioso. [...] A mentalidade fascista é a mentalidade do zé-ninguém, que é subjugado, sedento de autoridade e, ao mesmo tempo, revoltado. [...] O zé-ninguém observou bem demais o comportamento do grande homem, e o reproduz de modo distorcido e grotesco [...]. *Misticismo fascista é o anseio orgástico restringido pela distorção mística e pela inibição da sexualidade natural.*

O fascismo na América do Sul também está sob o efeito do colonialismo, que, paradoxalmente, coopta minorias e suas lideranças, de preferência entre as classes médias baixas e baixas (ou proletariado, campesinato e lumpemproletariado). *"Do ponto de vista de sua base social, o nacional-socialismo foi sempre um movimento de classe média baixa"* (Reich, 2001, p. 37, grifos do autor).[2] Para Reich, "quanto maior é o peso e a dimensão das camadas da classe média numa nação, tanto maior é a sua importância como força social de ação decisiva" (*ibidem*, p. 39) As classes médias, as baixas e o proletariado acabam inclinados ao fascismo por exigirem, como massa, um condutor austero, o pastor protagonista.

O nazismo produziu poder com efeitos positivos, gerou saber, induziu ao desejo, mesmo se apresentando austero e conservador. As massas amaram o nazismo, dirá Reich. Abdicaram da liberdade liberal do indivíduo e evidenciaram que o liberalismo somente interessa, segundo ocasiões, como suposto meio pacífico para governar o Estado. Sua longevidade depende das relações colaborativas com o capital e com seus benefícios, por meio da geração de lideranças e misticismos. Por isso, segundo Reich, a psicologia política está muito mais apta a estudar as massas do que a economia social.

Michel Foucault (2010b) situa a incandescência, na Europa pós-Primeira Guerra Mundial, produzida pelos surrealistas e por Reich diante da iminência fascista. O pensamento de Marx toma o lugar de destaque de crítica e, devidamente limpo do stalinismo, está presente em *Psicologia de massas do fascismo*. Foucault, no início dos anos 1970, redigindo o breve prefácio ao lançamento de *Anti-Édipo*, de Gilles Deleuze e Félix Guattari, situa os adversários a ser confrontados. São eles: "os ascetas políticos, os militantes carrancudos, os terroristas da

---

2. É desse ponto de vista que se compreendem tanto a base liberal e democrática dos Estados Unidos quanto as condições autocráticas na Europa e o sonho de democracia vendido pela racionalidade neoliberal na nos dias de hoje.

teoria; [...] os lamentáveis técnicos do desejo; [...] o inimigo maior, o adversário estratégico [...] o fascismo" (Foucault, 2010b, p. 104).

Sim, o fascismo que nos faz desejar o poder e nos domina e explora; o fascismo que se propõe puritano e aciona o erotismo, que é aceito pelas pessoas submetidas, problema ao qual, segundo Foucault (2001), até mesmo Reich pouco se ateve. Em poucas palavras, Foucault se dirige aos marxistas, limpos ou não de stalinismo, a partir de *Anti-Édipo*, perguntando: "Como fazer para não se tornar fascista, mesmo quando (sobretudo quando) se crê ser um militante revolucionário?" (2010b, p. 105).

Foucault faleceu em 1984, mas suas análises sobre a racionalidade neoliberal situaram o aparecimento do ativista (não como sinônimo de militante ou de militantista), como agente de protesto voltado para as devidas melhorias esperadas no espetáculo do capitalismo com gestão compartilhada entre capital e capital humano, e com democracia. Para Reich, o marxista contagiado de stalinismo, em tese agente vacinado contra o fascismo, seria outro vetor do fascismo atual.

No passado, Reich fez questão de não diferenciar moralmente comunismo soviético de totalitarismo nazista, seu parceiro de primeiro momento e posterior inimigo estratégico. Foucault e os anarquistas não produziram tal distinção. Para eles, ditadura do proletariado em Marx, Engels, Lenin ou Stalin é sempre ditadura, e o fascismo não é um bastardo nesse parentesco.

Hoje, marxistas stalinistas e não stalinistas se trasvestem de democratas para obter vantagens institucionais e políticas, como herdeiros do reformismo de Eduard Bernstein e similares na social-democracia europeia. Buscam apagar ou emudecer alguns de seus adversários, que, segundo circunstâncias, constituem inimigos e são nocivos para a sociedade. Aparecem como membros do protesto, do ativismo parlamentar e da sociedade civil. Alinham-se com os liberais e os neoliberais de plantão e com forças conservadoras de apoio. Revolucionarismo é palavra sonâmbula. No passado recente (durante a Segunda Guerra Mundial), apenas liberais e conservadores apoiaram governos fascistas diante da reviravolta levada adiante por forças libertárias e socialistas.

Contra o fascismo, Foucault situa a liberação da paranoia unitária e totalizante (não há normatividade democrática liberadora). Indica ser preciso fazer crescer o pensamento e os desejos de proliferação, justaposição e disjunção (experimentações de liberados). Trata-se de se liberar da velha ideia do negativo (incluindo o castigo e o nômade).

Nesse entrelaçamento indicado por Foucault, algo em Reich o aproxima de certos anarquistas: o sexo e sua liberação como *motor* para a revolução. É o sexo, também, o pavor de muitos anarquistas, conforme América Scarfó (2008)[3], que não suportam que uma garota de 16 anos se apaixone por um anarquista de 26 e mantenha com ele uma vida sexual. Não só América como várias mulheres anarquistas sairão da convenção moral que governava a vida anarquista para o sexo livre, mais próximo das observações de Charles Fourier no século 19, abalando a preponderância masculina no anarquismo. Elas vieram para instabilizar a pretensão à hegemonia moral masculina, que colocava o sexo livre como ponto futuro, canto sublime da transcendentalidade.

É curioso que mesmo Jaime Cubero, um anarquista agregador de São Paulo, na segunda metade do século 20 — um parceiro e tanto da somaterapia e porta aberta aos diversos anarquismos —, tenha redigido sobre a Colônia Cecília um breve texto intitulado "Razão, paixão e anarquismo", no qual assinala: "[...] o amor sexual desprovido de ritualismos ridículos, formas jurídicas, só será possível quando a sociedade tiver superado as contradições que a impedem de resolver problemas que afetam as necessidades básicas das pessoas" (Cubero, 2012, p. 44).

---

3. Ver também Wainer, 2023.

O sexo é o instante de suores, gemidos, espasmos desconcertantes na vida nômade. O sexo aniquila "as formas miúdas que fazem a amarga tirania de nossas vidas cotidianas" (Foucault, 2010b, p. 106). Para Foucault (2010a, p. 373), "a boa consciência comum provoca, na ordem da política como na ordem da moral, estragos". Abrir-se para relações de poder que seriam mais do que desejos para o governar de uns aos outros é constatar que "os pais governam as crianças, a amante governa seu amante, o professor governa etc." (p. 375). Trata-se de relações de "governamentalidade" a ser reviradas, "quer dizer, as relações de governo, de condução, que se podem estabelecer entre os homens" (p. 375). Ainda de acordo com Foucault, *grosso modo*, só há democracia como forma política se houver relações de poder: "Quero dizer que não podemos localizá-las simplesmente nos aparelhos de Estado ou fazê-las derivarem-se inteiramente do Estado, que a questão é muito mais ampla" (p. 376).

Compreendemos o entroncamento formado por Reich, certos anarquistas e Foucault sem produzir *limpezas* corporais e de alma. Para o filósofo, é preciso desvencilhar-se do marxismo na história, da mecânica causa e efeito, e acompanhar Nietzsche — para quem a história é devida ao acaso, ao intempestivo. Os homens dos séculos 18 e 19 tinham a faculdade de sonhar, fundar imaginários políticos, mas em nosso século "uma coisa é determinante: que o marxismo tenha contribuído e contribui, sempre, para o empobrecimento da imaginação política, tal é nosso ponto de partida" (Foucault, 2004a, p. 190). Certos anarquistas, a seu modo, acompanham e antecipam Foucault. E aqui a tríade se esfacela. É preciso redimensionar o militantismo do século 19, aparado e engessado no século 20 pelo marxismo e pelas institucionalizações (Foucault, 2011a). É necessário insistir na vida nômade e no avesso das normalizações. As liberações podem servir hoje e não servir amanhã, ou sempre servir para a psicologia como disciplina de conhecimento.

Reich, Foucault e certos anarquismos se tocam pela ênfase na liberação sexual, mas suas análises se distinguem: as de Foucault e dos anarquistas tratam de relações de poder agônicas; as de Reich fundam-se em teoria estruturante. Foucault não sustenta que Reich tenha sido um dos primeiros a analisar o poder de Estado fora e além da legitimidade da violência, da repressão; certas análises anarquistas sustentam proximidades entre as análises deles (e delas) sobre as relações de poder com Foucault, outras que não se tocam. O diferencial, na série liberação sexual, é a assepsia do marxismo defendida por Reich, a não suposta declaração anarquista e jamais pronunciada de Foucault e a proximidade, considerada nociva, deste com certos anarquistas, além do amplo desconhecimento das teses de Reich por muitos anarquistas. Em suma, para os anarquistas defensores da organização para a transformação, o que os torna imantados a Marx, esterilizado ou não, é o domínio da teoria da exploração econômica. Para uma eventual proximidade entre os três, no que diz respeito ao sexo livre, deve-se partir dos liberadores entre os anarquistas, individualistas ou não.[4]

Fascismo e sexo

Dispara Reich (2001, p. xxvii): "O fascismo não é um partido político, mas uma certa concepção de vida e uma atitude perante o homem, o amor e o trabalho". E mais: [...] *"o caráter não conhece distinção de classe"* (p. xxix, , grifos do autor).

Reich (2001, p. xxxi, grifos do autor) coloca os marxistas para além do impasse ao ler de maneira radical não apenas os vínculos

---

[4]. A respeito de sexo e higiene, principalmente acerca da avançada luta contra a reprodução pela vasectomia e a importância da propaganda de educação sexual no Brasil, ver a compilação de textos em jornais anarquistas das três primeiras décadas do século 20 (Nascimento, 2023).

do fascismo com o nacionalismo, mas também a proximidade com o comunismo soviético:

> a psicologia da estrutura, baseada na economia sexual, acrescenta à visão econômica da sociedade uma nova interpretação do caráter e da biologia humana. A eliminação de capitalistas individuais e a substituição do capitalismo privado pelo "capitalismo de Estado" na Rússia *em nada veio alterar a estrutura do caráter típico, desamparada e subserviente das massas humanas.*

Para Reich, finalizando seu prefácio de 1942, a resposta ao fascismo será a democracia do trabalho natural biológico nas relações internacionais. Chega-se à revolução e à democracia do trabalho por condutores não autoritários, que vivem livremente sua sexualidade normativa, uma liberação heterossexual.

Essa proposição, segundo Reich, está diretamente relacionada à ideia de socialização dos meios de produção e de instauração da autogestão na economia e na vida, de acordo com Marx. Hoje, contudo, é impossível deixar de constatar como a racionalidade neoliberal introduziu a democracia nas relações de produção em função da produtividade, da renda, da estabilidade e da satisfação psicológica do trabalhador em busca de emprego e melhorias de vida.

Por outros caminhos, e contra Reich, a democracia no trabalho fortalece o capitalismo sustentável, ou seja, a face civilizada do capitalismo na atualidade. Em poucas e rápidas palavras, a entrada de teoria, relações ou valores da democracia nas relações humanas não leva à ultrapassagem do capitalismo, mas à edulcoração dos trabalhadores e de sua *representação*, quer partidária, quer revolucionária idílica.

Os socialistas se entregaram ao parlamento e à política institucional como negócio de ocasião. Por essa, Reich não esperava. Ele supunha que a social-democracia, como seguidora de Marx, antes de combater o *irracional* fascismo, deveria rever seu marxismo, contaminado pelo *irracionalismo* stalinista, para que o movimento socialista revolucionário se recompusesse.

A vitória dos Aliados na Segunda Guerra Mundial, com a presença marcante da União Soviética ao lado de democratas capitalistas, somada à tensão entre o capitalismo e o socialismo soviético no pós-guerra e à disputa pela globalização do planeta por ambos, levaram à relação positivada entre socialismo chinês e capitalismo (Estados Unidos) depois que a União Soviética se viu livre de Stalin.

Depois de 1945, o planeta foi assimilando o fascismo, inclusive nas práticas cotidianas, e se desvencilhando dos socialismos por meio da racionalidade neoliberal, com sua promessa de democracia a ser alcançada no futuro, e de incorporação da direita autocrática ao leque do pluralismo político. Nada mais que óbvia é a colaboração do funcionalismo estatal, lugar privilegiado em que o funcionário é, simultaneamente, aquele que obedece e o representante da autoridade. Ele sempre sabe o que faz, não é o "pau mandado", como procuraram fazer crer os julgados como *criminosos* do nazismo alemão. Esse indivíduo deve estar consolidado no Estado, assim como o camponês deve estar fincado na terra por seus laços ancestrais, fazendo da fusão sangue e terra a saúde da nação.

Os valores fascistas, nesse quadro, têm por base a honra: do indivíduo, da família, da raça e da nação. E a pátria é a *sua* mãe. Enfim, "é o indivíduo reacionário que, em época de crise, começa a sonhar com os 'serviços à comunidade' e com a 'prioridade do bem-estar coletivo sobre o bem-estar individual'" (Reich, 2001, p. 58). É o marxista ressuscitado ou anabolizado com base no desenvolvimento das forças produtivas similares às do capitalismo sideral estadunidense.

O grande equívoco dos comunistas, segundo Reich, foi imputar à social-democracia e a seus erros políticos a *culpa* pelo fascismo alemão. Entretanto, devemos considerar que isso não foi um simples e macabro efeito de busca de hegemonia e que, para o Reich quase certeiro, em termos *revolucionários*, o comunismo ao molde stalinista é sempre sinônimo de totalitarismo. O resultado, tal como no capitalismo, democrático ou não, é "o conservadorismo, o medo da liberdade, em resumo, a mentalidade reacionária" (Reich, 2001, p. 29).

Os efeitos da repressão sexual decorrem da defesa segura da funcionalidade, combinando a racionalidade laica com a continuidade das instituições divinas e destas com a autoridade estatal e seus representantes. A psicanálise de Freud colaborou decisivamente ao mostrar como a vida é governada por processos psíquicos que escapam à consciência; como a sexualidade da criança comprova que inexiste relação entre sexualidade e reprodução, sendo a libido "o motor principal da vida psíquica" (Reich, 2001, p. 24); como a descoberta do bloqueio à sexualidade infantil se dá pelo medo e pelo castigo; e, por fim, como a moral impingida pelos pais e pelas demais pessoas próximas, desde a infância, define quem é esse sujeito.

Reich absorve Freud e persegue a busca da síntese dialética, opondo trabalhador responsável e consciente a sujeito reacionário e místico-nacionalista, ou seja, o verdadeiro revolucionário construído por Marx, Engels e Lenin, sonâmbulo ou no ostracismo, que foi incorporado à leitura verdadeira da história por Stalin, como oponente ao fascismo. Reich também delineia a diferença entre o trabalhador do século 19, mais ingênuo, e o do 20, interessado em negócios e que incorporou o jeito burguês de ser, alimentando a continuidade da aristocracia operária na mesma velocidade em que fez crescer e desacreditar o lumpemproletariado — que, por sua vez, é a base econômica do sujeito reacionário. O trabalhador do século 20 não quer se *sujar*, quer parecer *funcionário público*. E a social-democracia fortalece tudo isso apoiando-se *"nas estruturas conservadoras de seus adeptos"* (Reich, 2001, p. 65, grifos do autor). Com isso, chega "a assimilação à moral sexual da classe média conservadora" (p. 66). Para Reich, enfim, a família autoritária de classe média conservadora comanda a política cultural tanto do fascismo como do comunismo, como é hoje nas democracias e autocracias. Há algo que escapa às análises e críticas às estruturas e aos liberalismos... Ele mostrou como a teoria racial é o eixo ideológico do fascismo e ressaltou que "o 'misticismo' do homem primitivo, membro de uma sociedade que considera positivamente a sexualidade, é, em parte, uma experiência orgástica direta e, em parte, uma interpretação anímica dos processos naturais" (p. 129). Aqui o sexo é livre, pois a estrutura econômica no comunismo primitivo é autogestionária.

Reich se destaca entre os analistas marxistas não só pelo minucioso interesse pela estratificação social e pela sexualidade da classe operária e das massas, mas também por ser capaz de ensaiar como as sujeições, em certa medida, se aproximam do que mais tarde Foucault chamou de assujeitamento, o amor à obediência. O filósofo francês considera que a relação entre controle da sexualidade e força de trabalho, como exposta em Reich, está incompleta.

Segundo Foucault (2011b, p. 318), a *irregularidade sexual*, em 1975, já era "tolerável", pois "o capitalismo norte-americano não sofre em nada pelo fato de 20% da população de São Francisco ser composta de homossexuais". E constata, diante do refluxo da liberação sexual, que, agora, a masturbação ficou reduzida "às novas exigências da industrialização: o corpo produtivo contra o corpo do prazer" (Foucault, 2014, p. 269). No ano seguinte, afirmará que é fácil deduzir como a burguesia se "livrou" dos loucos ou "compreender" a repressão sexual infantil, pois é sempre fácil deduzir qualquer coisa da dominação de classe instituída de cima para baixo. Propõe, ainda, uma reversão nesse olhar até então consensual, alertando para o estudo das relações de poder de baixo para cima. Assim, as diferenças entre Reich e Foucault se consolidam.

Quanto aos anarquistas organizativos, ou coletivistas, ou comunistas, a proximidade com Reich também está em compreender as relações cotidianas de poder como dominação e exploração. Mas são certos anarquistas os corajosos ao enfrentarem a temática da sexualidade e do sexo livre. Para eles, não há luta pela igualdade socioeconômica sem sexo livre. Entretanto, entre todos os anarquistas, não se busca a igualdade sexual que passe pelo programa liberal de gênero, como o é para os marxistas. Para todos eles, enfim, agora incluindo Reich, a política comunista sobre o sexo é conservadora, repressiva e alimenta os campos de concentração. Se para Reich a família autoritária não é base, mas apoio para o Estado autoritário, para Foucault e certos anarquistas família autoritária, patriarcado, repressão sexual e demais derivações cotidianas, incluindo as preferências sexuais, constituem a moral da estrutura familiar monogâmica e do Estado moderno.

No passado, as mulheres livres que gostavam de fazer sexo eram acusadas de bruxaria pelas religiões, de histeria pela psiquiatria ou *toleradas* como normalizadas prostitutas. As revoltas nos séculos 18 e 19 forjaram uma mulher que deseja mais que voto, constituição e democracia: quer sexo, revolta e liberdade.

Adentramos nos compartimentos relativos à reprodução da espécie e ao governo das crianças e dos jovens, que devem *servir* ao Estado como objetos de segurança nacional — no fascismo, na ditadura ou na democracia. É a expressão do governo sistêmico diante da perenidade do Estado (capitalista ou comunista), devendo cada um(a) amar o povo e o Estado. Empobrecidos ou prósperos, no nazismo ou no império, as crianças e os jovens de classe média devem servir, na Alemanha e fora dela, de espelho para as demais abaixo delas. Devem ser imagens da produção de responsabilidades e sacrifícios pelo bem geral. O capitalismo e a democracia exigem devoções; o fascismo e o comunismo ordenam sacrifícios.

O misticismo é determinante na higiene mental e na educação. Assim, povo, pátria, Estado, responsabilidades e sacrifícios serão orquestrados pela razão de Estado, que inclui a razão religiosa e seus misticismos. Para Reich, não se combatem a pobreza econômica, os reacionarismos e a repressão sexual sem a batalha direta contra os misticismos. Afinal, a propriedade e o Estado se alimentam de crenças e caridades governadas por mediadores. Se Nietzsche não acreditava em deuses que não dançavam, Reich nem sequer acredita em deuses (seria uma retórica?).

Segundo Reich, o misticismo é a reiteração da abstinência sexual e a apologia contemporânea à masturbação. Romper com isso é fortalecer a reversão do esclarecimento científico, ou seja, ampliá-lo dos sentimentos em direção ao intelecto e deste para o corpo (não se trata de sexo como *performance*, similar à abstinência).[5]

Entretanto, segundo Reich (2001, p. 116-117), os comunistas do passado, ou seja, os stalinistas, associaram-se à Igreja para condenar e reprimir sexualmente os jovens: "Assim se compreende que o pastor comunista Salkind, que era também psicanalista, fosse uma autoridade no campo da negação sexual na União Soviética. [...] digamo-lo uma vez mais: *a inibição sexual impede o adolescente médio de pensar e agir racionalmente*".

Talvez aqui se encontre, ainda que não tenha sido alvo de Reich, uma inflexão atual para compreendermos a compressão da liberação sexual dos anos 1950-1960 em diante em sexo ajustado do século 21, ou o que se chama de *performance*, sob o governo repressivo do sexo pelos pastores — com apoio, ou desatenção proposital, dos socialistas.

> A estrutura emocional do homem verdadeiramente religioso pode ser rapidamente descrita da seguinte maneira: biologicamente, ele está tão sujeito a estados de tensão sexual como todos os outros homens e seres vivos. Mas, por ter absorvido as concepções religiosas que negam a sexualidade, e especialmente por ter desenvolvido um medo da punição, perdeu a capacidade para expe-

---

5. Reich foi decisivo ao escancarar a visibilidade no corpo ao formular o conceito de couraça muscular. No século 20, no Brasil, o sexo passará a ser também referência para a liberdade com arte e para a arte sem os suportes tradicionais, a arte com o corpo e no corpo (Ligia Clark, 2024; Carneiro, 2004). O sexo também se expandiu para a terapia com emoção de lidar de Nise da Silveira — não esquecendo o vínculo direto com a somaterapia de Roberto Freire, ampliada por João da Mata.

rimentar a tensão sexual natural e sua satisfação. Sofre, por este motivo, de um estado crônico de excitação física, que ele tem de controlar continuamente. (Reich, 2001, p. 137)

É preciso confessar.[6] Isso repercute tanto na caridade religiosa quanto na filantropia laica ou religiosa de ONGs, fundações, institutos — e de Estados, por meio de políticas públicas, sempre consideradas escassas e passíveis de novas e seletivas demandas. Nesse sentido, a filantropia funciona tanto em democracias como em autocracias, e os indivíduos dela participam com trabalho voluntário, empregos mal remunerados e até como orquestradores de negócios. Eles e elas provêm dos mais variados pontos da pirâmide social e recomendam aos demais frequentar igrejas e se orientar com pastores e/ou combinar essas práticas com sessões regulares com psicólogos, *coachs*, meditação — em suma, fortalecer a sociedade civil.

Assim, a educação de crianças, desde pequeninas, não deve estar desacompanhada de formação religiosa. O capitalismo precisa disso. A democracia, as ditaduras e o fascismo precisam dessa politização, que é também uma educação contrarrevolucionária. Levada adiante, anuncia um tempo futuro de conservadorismo ou fascismo (como já vivemos e Reich se dedicou a traçar mais do que seu perfil), mas, também, a possibilidade infinita da revolta e do levante. A utopia realizada no presente como heterotopia não é masturbação intelectual. A revolta não é masturbação anarquista, muito menos culto similar ao das figuras bíblicas (Foucault, 2010a; Camus, 1996; Stirner, 2004). Não tem identidade, não é pré-condição ou "infância" da revolução, nem a base para a revolução universalizante como a comunista.

De acordo com Reich (2001, p. 166), quando a revolução sexual fracassou na Rússia, a partir de 1934, "a Igreja reconquistou as mas-

---

6. Segundo Foucault (2011, p. 347), "a confissão consiste num discurso do sujeito sobre ele próprio, é uma situação de poder em que ele é dominado, coagido, mas que, por meio da confissão, ele modifica".

sas". A situação nesse século, como vimos, é semelhante depois de Maio de 1968 e da reação conservadora, desde o final dos anos 1970, que recomenda moderação a partir da racionalidade neoliberal.

O grande problema de hoje, com pose de marxismo, é a verborrágica repetição da continuidade da espera pela revolução futura, interditando novos discursos de cada fluxo da existência, conhecida e nova, e replicando as formas de luta sindical e política como determinantes das demais. Reich foi um dos primeiros a se afastar desse tipo de *governamentalidade de partido* que vê a transgressão apenas como algo a ser absorvido pela lei e pelas normas, e que jamais pode ser conhecida. Repercute, assim, o ramerrame das reformas, adiante e para trás — como a social-democracia, ao abdicar da *luta de classes* na Alemanha, no final dos anos 1950, e as esquerdas, neste século, sob a hegemonia do cadáver nada ilustre do stalinismo ou sob os ajustes de condutas do Partido Democrata estadunidense.[7] Mas, em Reich, tudo também concorre para sucumbir ao fazer da luta uma eloquente retórica, um objeto de revisão interna do marxismo, uma necessidade de expurgo do stalinismo. Daí em diante, corre-se o risco de ser stalinista pelo reverso.

Podemos resumir as idas e vindas a Reich e ao sexo com a seguinte fala de Foucault (2014c, p. 30):

> quando o saber científico, ou melhor, pseudocientífico sobre o sexo não é mais dispensado apenas aos médicos e sexólogos, mas às pessoas comuns, e estas passam a aplicar esse conhecimento aos seus atos sexuais, esse saber se situa entre *ars erotica* e *scientia sexualis*. É o caso de Reich e de seus adeptos. Segundo eles, se você conhece verdadeiramente o seu inconsciente e o seu desejo, você pode atin-

---

[7]. "A criança, a não ser que pertença a uma família excepcionalmente progressista, o que é o caso de uma minoria, não distingue os conteúdos da propaganda reacionária daqueles da propaganda revolucionária" (Reich, 2001, p. 183). Em tempo: "progressista", para Reich, não é sinônimo de "esquerda".

gir o orgasmo, e este orgasmo é bom e deve lhe dar muito prazer. Nesse caso, a *scientia sexualis* é um elemento muito rudimentar da *ars erotica*, rudimentar porque o orgasmo é o único critério.

Certos anarquismos...

A questão relativa aos *certos anarquistas* que adentram o amor livre, transformando as existências e os costumes no dia a dia libertário, decorre não só do chamado anarcoindividualista, reconhecido pelos libertários em geral, mas, sobretudo, de Proudhon, o instaurador, e de Stirner (2004), considerado um anarquista nos anarquismos.

John Henry Mackay (1981) é a referência preciosa, mesmo que quase desconhecido (e pouco lido) por muitos anarquistas (Passetti, 2015). Mackay é o registro do amor, do amor livre, da paixão, do rompimento com a noção de homossexualidade como desvio ou patologia, desconhecendo, de modo proposital, a psiquiatria e a psicanálise pretendendo governar o sexo livre. Para ele, está em jogo a potência de liberdades.

Não deixa de ser curioso que Rudolf Rocker foi para Londres depois de ler o livro de Mackay. Mesmo diferenciando-se quanto às práticas anarquistas, Rocker não deixou de reconhecê-lo — com reservas, obviamente. Isso é o de menos não só para Mackay como para Stirner, Amand, Ryner, Maria Lacerda de Moura, América Scarfó, as *mujeres libres* da Espanha libertária e as demais. Aos propósitos deste texto, isso é fundamental. No prefácio à edição em inglês do livro de Mackay, Rocker afirma ter sido no congresso do partido social-democrata alemão ocorrido em Sankt Gallen (Alemanha), em 1897, que Karl Liebknecht, parceiro espartaquista de Rosa Luxemburgo, classificou os anarquistas como agentes policiais, loucos e criminosos (em certa medida, aproximando-se da classificação de Cesare Lombroso, direitista, feita em *Os anarquistas*, de 1894). Reich está nessa tradição social-democrata de considerar a impertinência do anarquismo.

Uma pergunta permanece em aberto e não será equacionada aqui. Até que ponto a democracia do trabalho, para Reich, toca a autogestão anarquista ou se completa com ela? Imbuído das certezas de Marx, dirá Reich (2001, p. 239): "A existência paralela da 'ditadura do proletariado' e da autogestão das massas trabalhadoras é uma impossibilidade". Há só uma possível relação, a proximidade de Bakunin com a crítica da economia política de Marx. Entretanto, contrastada com o federalismo e o mutualismo analisados por Proudhon, as duas formas jamais se tocariam. Para esse autor, o federalismo e o mutualismo independem da ultrapassagem da estrutura econômica, sendo formas de demolição da propriedade e do Estado pela invenção de novos costumes libertários. *O que é a propriedade?* (1840), de Proudhon, e *O único e a sua propriedade* (1844), de Stirner, imediatamente recolhidos pelo Estado, inauguram a anarquia para além do liberalismo econômico e político (e do libertarianismo estadunidense) e do socialismo ideal e real — que lhe sucede e lhe rende, via Marx, o reconhecimento pela coragem e pela precisão em situar, pela primeira vez, a igualdade possível na história relacionada à materialidade e à liberdade como *ideia-força*.

Situado como inimigo de Stalin, Reich não se cansou de denunciá-lo como deturpador da ideia de *democracia* de Engels e Lenin e incentivador do arbitrário esquecimento dessa prática. Reich, sem dúvida, se surpreenderia ao constatar os stalinistas de hoje em dia, posando de democratas e levando Lenin e Engels no sovaco perfumado com desodorante. "Era de conhecimento geral, latente, que o fascismo tinha tão pouco a ver com a dominação de classe da 'burguesia' como a 'democracia soviética' de Stalin com a democracia social de Lenin" (Reich, 2001, p. 198). Em poucas palavras, relacionando economia, política e sexo, ele diria:

a previsão da degeneração totalitária e ditatorial da democracia soviética no ano de 1929 baseava-se no fato de a revolução sexual ter sido não só estancada mas, também, quase intencionalmente reprimida na União Soviética. *Ora, é de nosso conhecimento que a repressão sexual serve para mecanizar e escravizar as massas humanas.* (p. 201, grifos do autor)

Reich reconhece que ignorava, naquela época, a atitude sexual dos estadunidenses, que viria a alterar as relações pouco depois da Segunda Guerra Mundial. Ele também não tomou conhecimento das pesquisas de Albert Kinsey sobre orgasmo, prazer, bissexualidade e homossexualidade, embora estivesse morando nos Estados Unidos.

Mesmo tentando desligar a questão sexual da base econômica, "voltando-se a fatores da psicologia de massa, da economia sexual e da estrutura do caráter" (Reich, 2001, p. 294), seu alvo continua sendo a crítica à social-democracia alemã e europeia e ao stalinismo, crendo na orientação de consciência correta das massas pelo marxismo e, ao mesmo tempo, na irracionalidade das massas, com seu medo das responsabilidades. A liberdade socialista é tarefa do Estado revolucionário, e não das massas.

> Se entendemos por "liberdade", antes de tudo, a *responsabilidade de cada indivíduo pela construção da sua existência pessoal, profissional e social, de forma racional*, então pode-se dizer que *não há nada a se temer mais do que a criação da liberdade geral*. Sem que se tenha evidenciado e respondido claramente a essa interrogação fundamental, nunca existirá uma liberdade que dure mais de uma ou duas gerações. (p. 299, grifos do autor)

No entanto, Reich preferiu não notar que, desde Marx e Engels, passando por Lenin e Trotsky (que ele evita reconhecer), no socialismo autoritário cabe ao partido conduzir as consciências e ao Estado dar consciência verdadeira às massas. A *governamentalidade de partido*, antes negada, agora explicita o governo das condutas.

Quanto aos anarquistas, que relaciona a sindicalistas a fim de distinguir uma revolução com a condução do partido de outra deflagrada por sindicatos (anarcossindicalismo), ele dirá categoricamente: "Eram utópicos e acabaram sofrendo uma derrota na Espanha" (Reich, 2001, p. 214).[8]

A social-democracia repaginada pelo reformismo de Eduard Bernstein se assemelha, segundo Reich, ao cristianismo primitivo e ao anarquismo, "vive da conciliação, por parte das massas, entre a luta pela felicidade e a irresponsabilidade" (Reich, 2001, p. 215). Para ele, a social-democracia foi radical na ideologia e conservadora na prática, uma vez que "contribuiu, sem querer, para o triunfo do fascismo" (p. 216). E continua: "o fascismo tem sua origem no conservadorismo dos social-democratas e na senilidade e tacanhice dos capitalistas" (p. 217). Nesse sentido, os chamados *progressistas* de hoje deveriam reler Reich com atenção e como alerta.

Em sua peregrinação contra os anarquistas, Reich recorre a Lenin, em *O Estado e a revolução*, para dizer:

> Com a abolição do Estado burguês, afirma Lenin, a democracia praticada com "a maior precisão e consequências possíveis" perde a sua forma burguesa para adquirir uma forma proletária; o Estado é convertido, de poder especial para fins de repressão de uma determinada classe, numa instituição que "deixa de ser propriamente um Estado". (Reich, 2001, p. 225)

---

8. Por vezes, a argumentação de Reich derrapa em seus propósitos. A derrota dos anarquistas e do Partido Operário de Unificação Marxista (Poum) na Espanha deve muito ao comunismo sob Stalin e aos democratas capitalistas aliados, assim como repercute, posteriormente, no assassinato de Trotsky no México, em 1940.

O que indistintamente os anarquistas chamarão de ditadura do socialismo autoritário é o beco sem saída do marxismo revolucionário e o chamado para os reformismos e o aburguesamento democráticos atuais.

O esquecimento, por Reich, do anarquismo na Revolução Russa coincide com a instituição das práticas de liberdade desde o 8º Congresso do Partido Comunista (1919), quando se instituiu a *democracia soviética*. Alexander Berkman (2017), presente aos acontecimentos e redigindo análises detalhadas, contrapôs os fatos à extensa transcrição idealista do programa do PC citado por Reich (2001, p. 231-235). Entretanto, o que fora colocado idealisticamente em prática desde 1919 foi abaixo com Stalin, que em lugar do capitalismo privado fez crescer o capitalismo de Estado. A explicação frágil também ruiu quando muitos autores, não necessariamente anarquistas, localizaram o "capitalismo de Estado" soviético, fruto da proposta e da efetivação da Nova Política Econômica por Lenin.

Para Reich (2001, p. 263, grifos do autor), aparecem na ditadura do proletariado "as tendências *genuinamente democráticas de uma administração estatal*". Estas se tornariam possíveis quando fosse instituída a democracia do trabalho rumo à autogestão, e ganhariam plenitude com a liberação sexual, já que "o amor natural, o trabalho vitalmente necessário e a ciência natural são funções *racionais* da vida" (p. 291, grifos do autor). Seria o fim do autoritarismo, da propriedade e do Estado, nos moldes de Lenin, sem a abolição preconizada pelos anarquistas, mas por extinção, por meio da ocupação do aparelho de Estado pelo partido revolucionário e por sua vanguarda, com seus planejamentos e planificações. Pela retórica, reescreveu-se o dar as costas às críticas dos anarquistas ao socialismo libertário. E o surpreendente fascismo como governo de Estado ou do cotidiano não se esvaiu.

> Os escritores atuais já não são, como bem notou Pere Gimferrer, cavalheiros dispostos a fulminar a respeitabilidade social, nem muito menos um bando de desajustados, mas gente saída da classe média e do proletariado disposta a escalar o Everest da respeitabilidade, desejosa de respeitabilidade. São louros e morenos filhos do povo de Madri, são gente de classe média baixa que espera terminar seus dias na classe média alta. Não rechaçam a respeitabilidade. Buscam-na desesperadamente. Para chegar até lá têm de transpirar muito. Assinar livros, sorrir, viajar para lugares desconhecidos, sorrir, se fazer de palhaço nos programas de TV, sorrir bastante, sobretudo não morder a mão de quem lhe dá o que comer, comparecer às feiras de livros e responder de bom grado às perguntas mais cretinas, sorrir nas piores situações, fazer cara de inteligente, controlar o crescimento demográfico, agradecer sempre. (Bolaño, 2024, p. 146)

É preciso sexo livre como praticam certos anarquistas que, por si, agem como atitude e estética da existência contra a condução de condutas também sexuais que atravessam, ainda, não só os demais anarquistas. A liberação sexual com Reich precisa se liberar do marxismo para que a teoria da couraça seja expandida e conspire contra a heteronormatividade sexual. É preciso não só se livrar dos caspentos *ubuescos* (e de suas correlatas de gênero), zeladores burocráticos do passado, mas também dos(as) gestores(as) compartilhados(as) limpinhos(as), corretas(os) e modulados(os) em oficinas de escrita, padronizações editoriais e universidades anêmicas.

Referências

Berkman, Alexander. "A Revolução Russa e o Partido Comunista". *Verve*, São Paulo, n. 32, p. 82-127, 2017. Disponível em: https://

www.nu-sol.org/wp-content/uploads/2017/11/verve32.pdf. Acesso em: 20 jun. 2024.

BOLAÑO, Roberto. *O gaúcho insofrível*. Tradução de Joca Rainers Terron. São Paulo: Companhia das Letras, 2024.

CAMUS, Albert. *O homem revoltado*. Tradução de Valerie Rumjanek. Rio de Janeiro: Record, 1996.

CARNEIRO, Beatriz. *Relâmpagos com claror. Hélio Oiticica e Lygia Clark*. São Paulo: Imaginário/Fapesp, 2004.

CUBERO, Jaime. Razão, paixão e anarquismo. Verve, São Paulo, n. 21, p. 37-47, 2012. Disponível em: https://www.nu-sol.org/wp-content/uploads/2018/01/verve21-min-ilovepdf-compressed-2.pdf. Acesso em: 20 jun. 2024.

FOUCAULT, Michel. "Anti-retro". In: MOTTA, Manoel M. da (org.). *Ditos & escritos — Estética, literatura, pintura e cinema*. Tradução de Inês Autran D. Barbosa. Rio de Janeiro: Forense Universitária, 2001, p. 330-345. v. III.

_____. "Metodologia para o conhecimento do mundo: como se desembaraçar do marxismo". In: MOTTA, Manoel M. da (org.). *Ditos & escritos — Ética, sexualidade e política*. Tradução de Elisa Monteiro e Inês Autran D. Barbosa. Rio de Janeiro: Forense Universitária, 2004a, p. 186-210. v. V.

_____. "Sexualidade e poder". In: MOTTA, Manoel M. da (org.). *Ditos & escritos — Ética, sexualidade e política*. Tradução de Elisa Monteiro e Inês Autran D. Barbosa. Rio de Janeiro: Forense Universitária, 2004b, p. 56-76. v. V.

_____. "Sexualidade e política". In: MOTTA, Manoel M. da (org.). *Ditos & escritos — Ética, sexualidade e política*. Tradução de Elisa Monteiro e Inês Autran D. Barbosa. Rio de Janeiro: Forense Universitária, 2004c, p. 26-36. v. V.

_____. "O intelectual e os poderes". In: MOTTA, Manoel M. da (org.). *Ditos & escritos — Repensar a política*. Tradução de Ana Lúcia Paranhos Pessoa. Rio de Janeiro: Forense Universitária, 2010a, p. 371-376. v. 6.

_____. "Prefácio (Anti-Édipo)". In: Motta, Manoel M. da (org.). *Ditos & escritos – Repensar a política*. Tradução de Ana Lúcia P. Pessoa. Rio de Janeiro: Forense Universitária, 2010b, p. 103-106. v. VI.

_____. *A coragem da verdade*. Tradução de Eduardo Brandão. São Paulo: WMF Martins Fontes, 2011a.

_____. "Hospícios. Sexualidade. Prisões". In: Motta, Manoel M. da. (org.). *Ditos & escritos — Arte, epistemologia, filosofia e história da medicina*. Tradução de Vera L. Avelar Ribeiro. Rio de Janeiro: Forense Universitária, 2011b, p. 310-322. v. VII.

_____. "Aula de 7 de janeiro de 1976". In: Motta, Manoel M. da (org.). *Ditos & escritos — Filosofia, diagnóstico do presente e verdade*. Tradução de Abner Chiquieri. Rio de Janeiro: Forense Universitária, 2014b, p. 281-295. v. X.

Lygia Clark. *Projeto para um planeta*. Curadoria de Ana Maria Maia e Pollyana Quintella. Textos de Irene S. Smali (et al.). São Paulo: Pinacoteca de São Paulo, 2024.

Mackay, John Henry. *The anarchists — A picture of civilizations at the close of nineteenth century*. Tradução de George Schumm. Boston: Benjamin Tucker, 1981.

Nascimento, Rogério (org.). *A saúde pública analisada por trabalhadores — Coletânea com cinquenta escritos da imprensa anarquista do início do século XX*. Campina Grande: Café e Sebo, 2023.

Passetti, Edson. "Os anarquistas com John Henry Mackay". *Ecopolítica*, São Paulo, v. 13, p. 83-108, 2015. Disponível em: https://revistas.pucsp.br/index.php/ecopolitica/article/view/26610/19038. Acesso em: 20 jun. 2024.

Reich, Wilhelm. *Psicologia de massas do fascismo*. Tradução de Maria da Graça M. Macedo. São Paulo: Martins Fontes, 2001.

Scarfó, América. "América Scarfó, uma experiência". *Verve*, São Paulo, v. 14, p. 53-59, 2008. Disponível em https://www.nu-sol.org/wp-content/uploads/2018/02/verve14.pdf. Acesso em: 18 jun. 2024.

Stirner, Max. *O único e a sua propriedade*. Tradução de João Barrento. Lisboa: Antígona, 2004.

Wainer, Ariel. *América — Anarquia e tragédia en la familia Scarfó*. Buenos Aires: Marea, 2023.

6. Reich e *queer* de uma perspectiva libertária

FLÁVIA LUCCHESI

A psicologia foi um dos saberes impreteríveis para a elaboração das reflexões que deram forma ao que ficou conhecido como teoria *queer*. Dentre as autorias renomadas dos estudos *queer* a circular com obras traduzidas por aqui, encontram-se reiteradas referências a Freud e Lacan. Recorrem a esses autores para demonstrar de que modo se construiu o falo como um ideal inalcançável, utópico, e para discutir os efeitos da ideia de castração como mantenedora do medo: medo dos homens de serem castrados, medo das mulheres de não serem castradas e medo da homossexualidade abjeta, que exprimiria essas castrações por meio das figuras da "bixa" e da "sapatão" (Butler, 2019).

Volta-se assim a Judith Butler, que, desde *Problemas de gênero — Feminismo e subversão de identidade* (2017), procurou evidenciar como a marcação e a determinação de um sexo para cada corpo é regulada pela linguagem e pela lei. Definir um sexo é estabelecer uma categoria de identificação indispensável à constituição do sujeito ocidental e de seu "eu". A filósofa indicou, principalmente partindo de Lacan, haver um jogo de negociações entre desejo e proibição regulado pela identificação com um sexo — no campo binário de um sexo ou de outro, masculino ou feminino. Foi em muito a partir da análise lacaniana, entre imaginário, real e simbólico, significante e significado, que Butler (2019, p. 313) elaborou a noção de *performatividade de gênero* como "modalidade específica do poder como discurso". Reiterou a historicidade do discurso e das normas perante o sexo e o gênero, afastando-se das leituras que interpretam essa performatividade como um ato de escolha voluntária e arbitrária.

Ainda que seja um marco para a teoria *queer*, e que continue a ser muitas vezes repetida por meio dessas interpretações "confusas" — termo utilizado pela própria Butler ao retomar, revisar e ampliar essa análise em *Corpos que importam* (2019) —, a ideia de *performatividade de gênero* foi deslocada e criticada por *outres autorus*[1] *do queer*. Sam Bourcier (2020, p. 145) confrontou a "dependência excessiva

---

1. Na escrita deste texto, utilizo a chamada linguagem não binária para me referir a autorus da teoria *queer* e o x como substituto dos marcadores de gênero quando em referência a libertárixs *queer* e anarquistas. O objetivo é explicitar as atuais rupturas com as normas da língua portuguesa, que tomam o masculino como universal, tanto em meios anarquistas quanto nos movimentos contemporâneos de minorias sexo-gênero, explicitando suas diferenças e as lutas travadas, também, por meio dos usos das palavras. Não se desconsideram os entraves colocados para programas de IA que convertem texto em fala e não decodificam o x no lugar das vogais. O modo de ler, de verbalizar o x, encontra-se em aberto. Pode ser um convite para leituras coletivas, invenções e trocas entre pessoas diversas e interessadas.

do elemento discursivo" imbricada nesse conceito, fato que leva a esse entendimento corriqueiro de que o gênero é uma simples repetição ou imitação, positivada ou negativada. Jack Halberstam (2018) também sublinhou a rigidez atribuída ao gênero, conforme apresentada na obra instauradora de Butler. Já Paul Preciado (2018) se opôs a reduzir o gênero à performance, argumentando se tratar de um conjunto de tecnologias políticas do corpo e de "técnicas farmacológicas e audiovisuais que determinam e definem o alcance das nossas potencialidades somáticas e funcionam como próteses de subjetivação" (p. 127).

Judith Butler partiu das ideias de outras autoras sobre Freud e Lacan oriundas da teoria *queer*, como Luce Irigaray, Julia Kristeva, Eve Kosofsky Sedgwick, Gayle Rubin e Monique Wittig — excetuando-se as duas últimas, escritoras ainda pouco lidas em português e as quais não abordarei aqui. Nelas, como em Butler e nas autorias *queer* já mencionadas, a ausência de Wilhelm Reich é um tanto surpreendente. Ainda mais se considerarmos a relevância de sua obra para as análises de Michel Foucault e Guy Hocquenghem, que poderíamos apontar como as procedências *bixas* da teoria *queer*.

No último livro de Jack Halberstam, *Wild things* (2020b), há uma rara passagem na qual Reich aparece. Na verdade, Peter Reich, seu filho caçula, cujo livro *A book of dreams* reverberou com o sucesso "Cloudbusting", da cantora Kate Bush, em meados dos anos 1980. As memórias de um garoto que acompanhava, empolgado, as invenções de máquinas pelo pai foi a referência literária da música: "I still dream of orgonon". Via Kate Bush, Halberstam sinalizou para um avizinhamento entre essa energia orgonótica e a *potentia gaudendi*, elaborada por Preciado em *Testo junkie* (2018), como "força de prazer, poder e dor; fonte simultânea de liberação e subjugação" (Halberstam, 2020b p. 177).

Preciado propôs a *potentia gaudendi* como uma noção analítica da força de trabalho no capitalismo contemporâneo, por ele chamado de "farmacopornográfico". O autor (2018, p. 44) define *"potentia gaudendi*, ou 'força orgásmica', como a potência (presencial ou virtual) de excitação (total) de um corpo. Esta potência é uma capacidade indeterminada e sem gênero, não é nem feminina nem masculina, nem humana nem animal, nem viva nem inanimada".

Inexiste qualquer menção a Reich. Embora Preciado abra aspas para a força orgásmica, faz apenas uma nota de rodapé em referência à potência em Spinoza. Ele prossegue: "A força orgásmica é a soma da potencialidade de excitação inerente a cada molécula material. A força orgásmica não busca nenhuma resolução imediata, aspira apenas à própria extensão no espaço e no tempo, a tudo e a todos, em todo lugar e a todo momento" (p. 45).

Em A *função do orgasmo* (1975), Wilhelm Reich assim definiu a potência orgástica: "Ela constitui a função biológica básica e primária que o homem tem em comum com todos os outros organismos vivos. Toda experiência da natureza deriva dessa função, ou do desejo dela" (p. 58). Indicava haver dois tipos de "funções biológicas fundamentais" (p. 145), resumíveis aos impulsos e sensações que se expandem, alongam ou dilatam e a seu refreamento por contração, constrição ou encolhimento. Segundo Reich, o orgônio, unidade da energia orgonótica ou de orgone, está presente e excita substâncias orgânicas em suas múltiplas formas. Essa energia ficou conhecida como "energia vital" (Freire, 1998).

Já *potentia gaudendi* seria a energia extraída pelo capitalismo por meio da farmacologia, via moléculas e agentes materiais absorvidos pelo corpo humano; pela representação pornográfica, como signos convertidos em dados e mídias; e pelo serviço sexual propriamente dito. Para Preciado (2018, p. 289), é a força motriz de um trabalho que equivale ao sexo, pois depende de um "conjunto de atrações sexuais, dos instintos psicossomáticos, das escalações hormonais, do estabelecimento de conexões sinápticas e da emissão de excreções químicas". É o que o ele chamou de "pornificação do trabalho", isto é, o "processo de captura do sexo e da sexualidade pela economia, processo pelo qual o sexo se torna trabalho" (p. 290).

Não se trata da potência revolucionária com bases na economia sexual política vislumbrada por Reich (1981), na qual o trabalho alegre e voluntário, auto-organizado por humanos sadios e em coletividade, seguiria seu fluxo *natural*, sua função biossociológica. A vida sexual satisfatória desenvolveria esse trabalho, igualmente satisfatório, recobrando um alegado equilíbrio natural. De maneira oposta, essa energia capturada pelo trabalho capitalista atual tem como objetivo "não a satisfação, mas excitar: colocar em funcionamento o aparato somático que regula o ciclo excitação-frustração-excitação" (Preciado, 2018, p. 290). Assim, escapando aos limites da hipótese repressiva, a extração dessa energia ou força orgástica mostra sua positividade ao fazer funcionar o fluxo ininterrupto de excitação e frustração, no qual a expansão orgonótica é controlada, moderada e contida — tornada útil para a continuidade dessa ordem social.

Sem atentar para a positividade das relações de poder, Reich (1981, p. 156) considerava que "o interesse sensual não pode ser comandado". Para ele, as tentativas de comando, no máximo, decorriam dos impulsos reprimidos e de seus posteriores efeitos, tidos pelo psiquiatra como anômalos. Hoje, ao se analisar o governo do sexo pela sexualidade, constata-se que essa força ou *potentia* é controlada pelas definições das diferenças de gênero, especialmente entre feminino e masculino e entre hétero e homossexualidade, como expôs Preciado (2018). Mais do que isso, a sensualidade e a sexualidade se mostram moduláveis pelas inúmeras identidades sexo-gênero, implicando o governo das condutas, também de cada um por cada um.

O "polimorfismo do desejo", hoje acrescido de uma pluralidade identitária, ajusta-se às "formas da sexualidade edipiana", como situara Hocquenghem a respeito da complementariedade entre homo e heterossexualidade, fundamentada nas supostamente rígidas diferenças entre mulheres e homens. Essas formas, afirmou Hocquenghem (2020, p. 171), "são recortes arbitrários em si mesmas".

Além de se afastar das hipóteses repressivas, é preciso, como também alertara Foucault acerca das tendências reichianas, deslocar-se das análises em "termos econômicos, de que aquilo que se dispende num domínio está indisponível aos demais: o que você dá a seu prazer não pode dar ao trabalho, o que você dá ao corpo não pode dar à luta etc." (Foucault e Voeltzel, 2018). Um pouco como fez o escritor e psiquiatra antipsiquiatria Roberto Freire, que, a partir de uma leitura anarquista de Reich, apresentada no espetáculo "Paradise now", do libertário The Living Theatre, propôs o *anarquismo somático*. Este seria composto pelo combate a três características fundamentais das sociedades autoritárias: as ideologias do sacrifício; os pactos de mediocridade; o medo paralisante das fontes de energia vital, imprescindíveis para uma vida orgástica: "a afetividade, a sexualidade e a criatividade" (Freire, 2013, p. 62). Não mais o trabalho subjugado à economia ou ao desenvolvimento de forças produtivas, como em Reich, mas realizado pelo prazer e pela alegria vinculados à beleza, à criatividade, à arte. Contudo, vale ressaltar que afetividade, criatividade, sexualidade e arte são palavras-chave que circulam amplamente, valorizadas como características úteis à produtividade ou reduzidas a meros produtos de mercado. Mas isso é assunto para outro texto.

Ao romper com o domínio e o determinismo econômico, não buscamos aferir se a chamada revolução sexual, disseminada com o acontecimento 1968 e levada adiante pelos movimentos de minorias, foi uma reforma ou uma revolução em termos reichianos. Ela não abrangeu uma revolução econômica, como Reich propagava ser necessária para a revolução social como um todo. Todavia, produziu efeitos de liberação do sexo e dos prazeres, nos corpos e nas subjetividades. Hoje, enfrentar seu atual estado, analisar como reproduz normas renovadas e outras morais, como refez e refaz modulações dos costumes e modos de vida majoritários e autoritários é uma urgência para a qual o *queer*, em suas reflexões intelectuais e em seus embates incendiários, pode ser vigoroso.

Enfrentando autoritários de toda ordem, uma força vital

Enquanto Reich está ausente — ou omitido — nas obras de teoria *queer* mais renomadas, sua presença está marcada sem muitas pretensões em escritos que impulsionaram o uso da palavra *queer* como força de revide afirmativo. Lembrando que esse termo de proveniência inglesa, desde o final do século 19, era utilizado como uma ofensa direcionada a pessoas identificadas como homossexuais. Mais precisamente, a homens estranhos identificados como homossexuais, estando essa estranheza atrelada ao que classificavam como efeminado. *Queer* significa estranho, tortuoso, oblíquo. Em sua forma verbal (*to queer*), tem o sentido de perturbar.

Na década de 1980, nos Estados Unidos e no Canadá, jovens punks e anarquistas escandalizaram ao tomarem o sexo, liberado da moral heterossexual, como objeto de sua escrita e de sua música, explicitando-o em suas relações nos espaços punks e libertários e nos palcos. Foi nas páginas de seus fanzines que a palavra *queer*, afirmando sua estranheza, combinou-se à anarquia e à recusa da ordem social. Relacionava-se ao estilo de vida combativo no *underground*, enfrentando a assimilação ao anunciar a luta que se expandiu da cena punk para o movimento, à época conhecido como de gays e lésbicas, em embate contra a sociedade e contra o próprio movimento.

Em 1988, no segundo número do zine *Homocore*, um texto assinado por Ray Reich precisou: "assimilação = aniquilação. A cultura americana é *sex negative*, repressiva e plástica; propaga uma sociedade fundada sob os princípios da ganância, do moralismo e da ignorância" (p. 23). A referência a Wilhelm Reich é clara.

O *Homocore* era editado por dois jovens anarquistas, Tom Jennings e Deke Nihilson, que marcavam de forma explícita esse posicionamento ético-estético na publicação. Antes dele, o zine *J.D.s* (Juvenile Delinquents) abusava de "As na bola" e colagens de punks nus, imagens eróticas e pornográficas, contos eróticos e quadrinhos pornográficos. Feito pela sapatão G. B. Jones e pela *bixa* Bruce LaBruce, foi o primeiro zine a escancarar a homossexualidade entre punks.

Um tempo depois, LaBruce lançou-se às experimentações audiovisuais. Hoje produz filmes pornôs independentes, em geral gays e marcados pelo tom político e pela crítica social. Em 2004, ele dirigiu *The raspberry Reich*, rodado em Berlim com personagens inspirados no Baader-Meinhof, no qual referenciou Wilhelm Reich não apenas no título. No entanto, sua ode à revolução sexual reichiana passou por elementos incômodos ao autor: a pornografia e a homossexualidade. Entre cus, paus e gozos, ressoa no filme que "não há revolução sem revolução sexual. Não há revolução sexual sem revolução homossexual! A heterossexualidade é o ópio do povo!"

Para Reich, a homossexualidade era um desvio, uma desordem, uma perturbação da sexualidade natural. Seria originada pelo "domínio de uma fixação infantil de suas condições de vida" (Reich, 1981, p. 153), pois "na maioria preponderante dos casos é consequência de uma perturbação muito precoce da função amorosa sexual" (p. 246). Ou decorreria da "deterioração sexual" (p. 306) produzida pelo serviço militar, cuja solução seria incluir mulheres nas tropas. Parênteses: quando eclodiu em meio ao movimento de gays e lésbicas nos Estados Unidos, a luta *queer* antiassimilação tinha três alvos claros de enfrentamento: o clamor pelo direito ao casamento entre "pessoas do mesmo sexo"; a demanda de mais segurança e a penalização de condutas como a homofobia; a revogação da lei "Don't ask, don't tell", ou seja, o direito a ser gay e lésbica assumidos nas Forças Armadas. Ela foi revogada em 2010, e a demanda do movimento, agora LGBTQIA+, atualizou-se para contemplar os e as soldados trans. O primeiro exército a ter um soldado trans foi o de Israel, local onde as mulheres são igualmente submetidas ao serviço militar obrigatório. A assimilação é igual a aniquilação, sem metáforas. Fim dos parênteses.

Todavia, coerente com sua metodologia, Reich não defendia que os impulsos homossexuais "não sublimados" fossem reprimidos. Além da influência freudiana, havia decisiva presença de Magnus Hirschfeld, médico prussiano que militava pela descriminalização da homossexualidade. Hirschfeld procurava demonstrar a naturalidade da homo e da bissexualidade, assim como do terceiro sexo. Desse modo, argumentava ser um equívoco tratar o tema pelo código penal, como crime. Ele foi um dos mais dedicados pesquisadores da sexualidade no final do século 19 e início do 20, fundador do Wissenschaftlich-humanitäres Komitee (Comitê Científico-Humanitário), voltado diretamente para a luta contra a criminalização da homossexualidade na Alemanha, e do Institut für Sexualwissenschaft (Instituto de Estudos da Sexualidade), local onde foram realizadas as primeiras cirurgias para mudança de sexo, hoje conhecidas como redesignação sexual. Em 1933, o instituto foi bombardeado e teve sua biblioteca e os arquivos incinerados pelos soldados nazistas.

O discurso da naturalização, com toda sua pretensa inquestionabilidade, inevitavelmente abre brechas para as categorizações como anomalias, doenças, perturbações. Foi assim que Reich classificou a homossexualidade e defendeu sua descriminalização, ainda que com ressalvas, opondo-se às demais vias repressivas. Para ele, esse desvio apenas poderia ser limitado

> pelo estabelecimento de todas as pressuposições da vida amorosa natural das massas. Até a consecução dessa meta, deverá ser considerada como uma espécie de satisfação equiparada à heterossexual e (excetuando-se o desencaminhamento de crianças e adolescentes) impune. (Reich, 1981, p. 248)

Tal qual o Estado, no futuro paraíso comunista, a homossexualidade desapareceria *naturalmente*? Em tempo: atrelar a homossexualidade ao "desencaminhamento" de crianças e jovens, quase sempre sob a acusação de pedofilia, continua sendo uma das mais apelativas condenações morais por reacionários. Em seu modelo atualizado, é voltada contra o *queer*, como se explicitou pela reação fascista à presença de Judith Butler em São Paulo, em 2017. Clamavam que a filósofa deixasse "as nossas crianças em paz", que "menino é menino, e menina é menina" — seguindo essa lógica, Butler seria pedófila.

Mesmo com esse sobejo resquício da moral autoritária, atado à moral religiosa, Reich se distinguia da maioria dos comunistas. Primeiro, por considerar as questões sexuais, em geral tomadas como de menor importância. Sua proposta de levar a conscientização da economia sexual para o Partido Comunista Alemão, com o grupo Sexpol, foi interceptada pelos dirigentes e resultou em sua expulsão (Freire, 1998). Mas também pelo modo como olhou para a homossexualidade. Embora a Revolução Russa de 1917 tivesse abolido o código czarista, que previa punições à homossexualidade, Reich mostrou que, embora houvesse argumentos favoráveis ao tratamento desse tema no âmbito científico e não penal, a maioria dos líderes soviéticos a considerava "um sinal de 'incultura bárbara', uma 'indecência de povos orientais semisselvagens'" (Reich, 1981, p. 246) ou "um fenômeno de cultura superdesenvolvida da burguesia perversa" (*ibidem*). Estavam alinhados com as massas pequeno-burguesas, enlaçadas à moral cristã, preconceituosas e, não raras vezes, ascéticas. Ao contrário das pessoas que viviam nas aldeias e nas cidades fora dos círculos da pequena burguesia — que, segundo ele, apresentavam "extraordinária tolerância ante todas as questões sexuais" (*ibidem*).

Por volta de 1925, conta o autor, o governo do Turquestão adicionou uma cláusula ao Código Legal da União Soviética, estipulando severos castigos aos casos de homossexualidade. A medida foi adotada por outros territórios anexados à Rússia soviética. Muitos deles, como o Turquestão, apesar de estarem sob o governo soviético, conservavam os costumes e a moral islâmica. Em 1934, ocorreram as primeiras prisões em massa de homossexuais, seguidas pela outorga da lei que castigava as pessoas identificadas como homossexuais com penas de três a oito anos de encarceramento, conforme a "gravidade" do caso, sendo os mais sérios considerados "viciados". A homossexualidade passou a ser enquadrada como crime similar à contrarrevolução, à sabotagem e ao banditismo.

Reich (1981) foi corajoso ao mostrar que a imprensa soviética procurava propagar a homossexualidade como "um fenômeno de desnaturação da burguesia fascista", como "abjeções que o fascismo cria com tanta profusão", chegando a pregar: "Exterminai os homossexuais e o fascismo desaparecerá" (p. 247). Noticiava-se, de modo falacioso, que a homossexualidade "agia impunemente" nos países fascistas (ou seja, na Alemanha), enquanto na União Soviética, onde o "proletariado valente e masculamente conquistou o poder estatal é declarado como crime social e castigado severamente" (*ibidem*). Reich distinguiu as práticas homossexuais nas ligas masculinas alemãs, com destaque para o chefe da SA Ernst Röhm, e o que ele considerava ser uma "homossexualidade miserável", comum entre soldados, devido à "falta de relações heterossexuais satisfatórias" (p. 248). Destacou que a postura "ideológica do fascismo perante a homossexualidade era igualmente negativa" (*ibidem*) e indicou que o episódio conhecido como "A noite das facas longas", no qual Röhm foi assassinado pelos próprios nazistas, foi iniciado com perseguições aos homossexuais, guardando certa semelhança com os encarceramentos em massa e a nova penalização à homossexualidade na URSS.

O culto à mesma "valentia e masculinidade", com recortes distintos de classe e de raça, apresentava-se entre os moralistas autoritários soviéticos e nazistas. Ambos glorificavam a superioridade masculina, a virilidade e o heroísmo fardado. Por mais que Reich tenha se esmerado em mostrar as condições legais de igualdade entre homens e mulheres na União Soviética, essa moral autoritária e religiosa permanecia. Mais recentemente, Halberstam se voltou para enfrentar a vitimização preponderante no movimento LGBTQIA+, que reforça o lugar entre os presos nos campos de concentração e nega encarar o fato de que havia soldados e lideranças nazistas homossexuais, como Röhm — assim como há hoje muitos ativistas e políticos de extrema direita gays, incluindo algumas lésbicas e, também, trans. Halberstam (2020b, p. 220) afirmou a inexistência de "conexões lineares entre desejos radicais e políticas radicais", o que se verifica cada vez mais em meio à racionalidade neoliberal, ao imperativo democrático e à profusão identitária. Algo que Hocquenghem (2020) já havia sinalizado, ao analisar a revolução sexual de Reich, é que uma "investida libidinal reacionária pode muito bem coexistir com uma investida política consciente e progressista ou revolucionária" (p. 167). A homossexualidade dos machos autoritários nada tem que ver com subversão ou com a produção de outros costumes e modos de vida. Trata-se do culto ao masculinismo e do próprio funcionamento da heteronorma, sem a qual nenhuma sociedade autoritária se sustentou, ao menos desde o século 19, e da criação das categorias binárias da sexualidade.

Entre socialistas autoritários, a integridade moral e a obediência aos superiores não espantam, embora tenham deixado Reich em parafuso. Ainda que tenha se lançado contra a sociedade autoritária e tentado compreender como a Revolução Russa fracassou, e tenha combatido a família como parte inextricável do Estado e da sociedade autoritários, Reich não se liberou do Estado. Assim como da condução das consciências e da revolução, inclusive da sexual. Procurou delimitar as possibilidades consideradas saudáveis, naturais e cientificamente aceitáveis da sexualidade e indicou que uma delas deveria ser a escolhida. "Como apenas existem três possibilidades: renúncia, autossatisfação ou vida heterossexual satisfatória, o comunismo claramente teria que estabelecer uma dessas três como diretriz" (Reich, 1981, p. 223).

Já entre anarquistas, mesmo considerando o contexto histórico, surpreende que muitos e muitas ainda reproduzissem a mesma moral autoritária, ou que se assemelhassem aos comunistas, que avaliavam a questão sexual como menos importante ou devesse ser tratada apenas quando atingida a igualdade econômica. Esse último argumento foi replicado em debates entre libertárias como Isabel Cerruti, Maria Lacerda de Moura, Lucy Parsons e Emma Goldman. Sem falar nos libertários que tentavam censurá-las ou constrangê-las a não propagar métodos contraceptivos, a escrever e falar publicamente sobre amor e sexo livres. Como Reich, permaneciam presos à concepção estrutural e ao moralismo revolucionário. No caso de Goldman, pesava sua defesa da homossexualidade, julgada um desserviço ao anarquismo por muitos companheiros. Não por acaso, a obra de anarquistas que se posicionaram contra a perseguição aos homossexuais, como Alexander Berkman, John Henry Mackay, Han Ryner, Émile Armand e Benjamin Tucker — alguns deles liberados em experimentações amorosas e sexuais com outros homens — é até hoje menos lida, publicada, traduzida, referenciada e reverberada entre ácratas. Todos foram contemporâneos de Reich.

Emma Goldman foi uma leitora ferrenha de Freud, Hirschfeld e outros sexólogos, e jamais condenou nem diminui as pessoas que gozavam outros sexos e prazeres. Em um manuscrito sobre sexualidade e controle da natalidade, possivelmente de 1935, ela não hesitou: "O conceito de apaixonar-se pode ser aplicado a si mesmo, a membros do mesmo sexo ou do sexo oposto" (Goldman, 2021, p. 260). Também partilhava de um olhar naturalizante, como Reich e Hirschfeld. A este último, Goldman destinou uma carta, em 1923, na qual afirmou que, desde o contato com a sua obra e seus esclarecimentos sobre a homossexualidade, usou sua caneta e sua "voz em favor daqueles a quem a própria natureza destinou serem diferentes em sua psicologia sexual e necessidades" (Goldman, 2022, p. 179). Pois para ela, uma anarquista anarquizante, "o ostracismo social do invertido" era uma forma de terror, sendo o anarquismo não "apenas uma mera teoria para o futuro: era uma influência viva para nos libertar das inibições, internas e externas, e das barreiras destrutivas que separam o homem do homem" (Goldman, 2015, p. 404).

Conquanto Reich não tenha sido interlocutor de Goldman, nem dos demais anarquistas supracitados, sua obra foi recuperada após o acontecimento 1968 por libertários contemporâneos voltados mais diretamente para as questões da sexualidade. Dentre todos os homens que experienciaram relações amorosas e sexuais com outros homens, Paul Goodman foi o que mais se aproximou de Reich e aderiu à sua obra. Esse contato foi imprescindível para que ele se envolvesse na elaboração da Gestalt-terapia com o casal Frederick e Laura Perls, e Ralph Hefferline, o que culminou no livro *Gestalt-therapy*, de 1951. Ao passo que Hakim Bey (2003) foi o mais taxativo ao dizer que, possivelmente, metade da obra de Reich "derive da mais absoluta paranoia (conspirações de OVNIs, homofobia, até mesmo sua teoria sobre o orgasmo), MAS em um ponto nós concordamos — *Sexpol*: repressão sexual alimenta a obsessão pela morte, o que origina *más políticas*" (p. 29, grifos do autor).

Desses ácratas, Daniel Guérin foi quem mais se dedicou a discutir com Reich acerca da homossexualidade. Talvez pela revolução sexual ter sido assunto de seu grande interesse, levando-o a redigir *Um ensaio sobre a revolução sexual* (1980). Talvez, ainda, pela tentativa irrealizável de conciliar e sintetizar marxismo e anarquismos. Guérin considerou mais do que ultrapassados os julgamentos de Reich sobre a homossexualidade, pontuando-os como conservadores e reacionários. Disparou: "Imperfeitamente desestalinizado nesse ponto, um ranço de moralismo, o estofo de um censor, de um zelador de estilo 'realista socialista'" (Guérin, 1980, p. 20). Para ele, era inaceitável que, depois de Charles Fourier publicar *Le nouveau monde amoureux* (1816), alguém reproduzisse reprimendas aos "gostos minoritários". Vale acrescentar que Lenin, de acordo com o próprio Reich e a despeito de seu esforço homérico para eximi-lo de críticas, "era muito reticente no que concerne à expressão de pontos de vista sobre questões sexuais" (Reich, 1981, p. 222). Ou, como detonariam décadas depois certxs *queer* libertárixs, "Lenin e Marx nunca transaram do jeito que a gente transa" (Vários Autores, 2020, p. 25).

Assim, para redigir seu ensaio, Guérin (1980) se alinhou muito mais aos relatórios de Alfred Kinsey, que aferiam a homossexualidade como uma "parte fundamental da sexualidade" (p. 43). Também enfatizou, a partir dos relatórios Kinsey, que "o orgasmo pode ser obtido pelos mais diversos meios mecânicos" (p. 42), opondo-se à arbitrária centralidade atribuída por Reich aos órgãos recortados e esquadrinhados como sexuais, ou genitais, e ao processo de fricção sexual por meio da penetração pênis-vagina como "o" meio para chegar ao orgasmo. De tal forma que Guérin, junto a Kinsey, implodia não apenas o lugar designado para o orgasmo, mas a fórmula reichiana dos quatro tempos orgásmicos: "tensão mecânica > carga elétrica > descarga elétrica > relaxação mecânica" (Reich, 1978, p. 139). Talvez essa fórmula, que ambicionava a exatidão matemática, tenham *inspirado* Preciado ao redigir as "práticas de inversão contrassexual" de seu *Manifesto contrassexual* (2014), que descrevem "como fazer um dildo-cabeça gozar", por exemplo, demarcando o tempo de duração e debochando do repetitivo final feliz: orgasmo e relaxamento. Preciado (2014, p. 23) propôs precisamente o oposto:

> a contrassexualidade afirma que o desejo, a excitação sexual e o orgasmo não são nada além de produtos que dizem respeito a certa tecnologia sexual que identifica os órgãos reprodutivos como órgãos sexuais, em detrimento de uma sexualização do corpo em sua totalidade. É hora de deixar de estudar e descrever o sexo como parte da história natural das sociedades humanas.

Daniel Guérin também contemplou os resultados de estudos de biólogos que, já nos anos 1960, indicavam a impossibilidade de se qualificar certas práticas e atos sexuais como normais, pois tidos como responsivos a uma "lei da natureza". Reiterou a inconsistência de se categorizar os mamíferos como limitados às "atividades heterossexuais e que todos os outros tipos de atividade sexual representem 'perversões' dos 'instintos normais'" (Guérin, 1980, p. 42).

Pesquisas que seriam ampliadas décadas depois, já atravessadas pela teoria *queer* — como as realizadas pelas biólogas Anne Fausto-Sterling e Joan Roughgarden —, afirmam a impossibilidade de se estabelecer a regra do binarismo sexual e da heterossexualidade, ou do sexo com mera finalidade reprodutiva, entre os demais animais. Hoje, os exemplos abundam: os cavalos-marinhos machos que engravidam; os albatrozes "lésbicas"; os macacos "bissexuais" e "onanistas"; as rãs, os peixes e as estrelas-do-mar que mudam de sexo; as minhocas hermafroditas; as cadelas que lambem a genitália de gatas no cio; os gatos castrados que se masturbam com seres inanimados; os cães castrados que transam entre si...

Da mesma forma, essas biólogas atreladas à teoria *queer* constatam a inobservância da monogamia entre os bichos, sobretudo os mamíferos. Mas isso Reich já havia pontuado, ao contestar o que cientistas procuravam realçar a partir de certas espécies, como cegonhas e pombos que, dentre "milhares de espécies de animais que insofismavelmente vivem sexualmente desregradas [...] as cegonhas e os pombos vivem — temporariamente, *nota bene!* — monogamicamente; assim, pois, a monogamia é 'natural'" (Reich, 1981, p. 163). Contudo, ao contrário dos humanos conscientes, de acordo com ele, "a promiscuidade entre os animais é a regra" (*ibidem*).

Como Daniel Guérin, foi também acompanhando Fourier que Guy Hocquenghem proferiu críticas vorazes a Reich, chegando a apontá-lo como mais reacionário que Freud, apesar de seus posicionamentos políticos burgueses, pois este se mostrava mais lúcido quanto ao polimorfismo do desejo. O filósofo *bixa* suscitou a hipótese de que a política revolucionária fosse "em si mesma uma instância repressiva" (Hocquenghem, 2020, p. 163). Ao menos enquanto carregasse conteúdos em geral vistos como revolucionários, sobretudo "a ideia de tomada do poder" (p. 165). Aí residia, precisamente, a potencialidade de um movimento homossexual para Hocquenghem: seu caráter "apolítico", manifesto pelo fato de que "sua própria existência é contraditória com o sistema do pensamento político" (p. 168). Por estarem, ainda naquele período histórico, implicados na impossibilidade de se reproduzirem e darem continuidade à espécie humana, seriam movimentos "fundamentalmente anticivilizados" (p. 169).[2] O movimento homossexual estaria longe de anunciar uma "nova organização social, uma nova etapa da humanidade civilizada" (*ibidem*), pois escancarava exatamente uma brecha selvagem na civilização.

Algo que anarquistas *queer* levaram adiante, alguns anos depois, ao afirmarem a luta antiassimilação antipolítica (Lucchesi, 2023). Como enfatizaram agrupamentos *queer* libertários como a Baedan e a Bash Back!, ao fundirem a teoria *queer* com a revolta *queer*, por meio de um niilismo *queer* anti-identitário e anticivilização — "Embarcamos em uma elaboração da negatividade *queer* que significa nada menos do que a destruição do mundo civilizado" (Baedan, 2012, p. 6) — e ao expandirem práticas de "viver-e-lutar" que articulam "uma antipolítica que toma a própria vida como campo de luta" (Vários Autores, 2020, p. 93) nas ações diretas e nas relações cotidianas.

> Queremos uma versão mais agradável, amigável, diversa, inclusiva, radical, hipermediada e menos zoada dessa sociedade? Ou queremos vê-la queimar? Temos interesse no progresso ou na

---

2. A não reprodução é o tema central de *No future — Queer theory and the death drive*, de Lee Edelman (2004), recebido com polêmica entre teoriques *queer*.

ruptura? Vamos nos contentar com isso tudo, só que um pouco diferente? Ou somos insaciáveis? (p. 85)

Práticas anarquizantes, expandindo energia vital

Wilhelm Reich foi imprescindível para que Roberto Freire inventasse a soma, uma terapia anarquista, prática viva e pulsante ainda hoje por meio do trabalho e da existência libertária de João da Mata. Do mesmo modo, imprescindível foi a perspectiva ácrata de Freire. Quase vinte anos depois de ler *A revolução sexual* e *A função do orgasmo*, de acordo com o pesquisador anarquista Gustavo Simões (2011, p. 124), Freire passou a investir na ideia de tesão como "outro modo de afirmação da vida. Distanciando-se da noção de orgasmo como finalidade, isto é, da redução do prazer à mera mobilização energética do corpo, estimula a ampliação dessa sensação a todas as esferas da existência".

Essa afirmação do tesão tomou forma na escrita de *Coiote*, narrado por Rudolf Flügel, personagem que já aparecera em *Cleo & Daniel*, e que nesse romance conta as histórias das relações de Coiote com os seres que passavam e habitavam um sítio em Visconde de Mauá. Há cenas de encontros amorosos e sexuais não apenas com pessoas, descrevendo o prazer e a possibilidade de "orgasmo total, sem sexo" (Freire, 1986, p. 282) na relação entre gente e cachoeira, gente e vaca, gente e terra. Contudo, o desejo de Flügel por Coiote, a paixão entre eles, ficou encerrada em um campo quase paternal. A homossexualidade, embora não fosse reprimida, tampouco escondida, deixou de ser atravessada pelo tesão. Tal qual o relacionamento entre Tino e Joselin em *Travesti* (Freire, 1978), que, apesar de terem se amado, acabaram separados pela moral que governava Tino e o fazia considerar esse amor menor do que aquele que declarava por sua esposa. Joselin, que havia deixado a pequena cidade e o pai autoritário para viver como travesti, após retornar à cidadezinha, à família e a Tino, termina sob chuva torrencial, seminua, na beira da estrada à espera da "carona desejada" — não se sabe para qual destino, talvez para a própria morte. O tesão foi "estaseado".

Reich (1978, p. 174) conceituou "estase" como uma "inibição da expansão vegetativa" inerente às pessoas e ao que se demarca como natureza. Seria oposta à energia vital, que "almeja desenvolvimento, atividade, prazer e evita desprazer e experimenta a si mesma em forma de sensações empolgantes, compelidoras" (Reich, 1981, p. 308) — de modo que podemos apontar sua correlação com o êxtase.

Para Néstor Perlongher (2012), procedência do *queer* sul-americano anterior à própria emergência da teoria *queer* no norte desse continente, êxtase é

> sair de si, deslocar, levar para fora, modificar alguma coisa ou o estado das coisas. Também tem o sentido de retirar-se, apartar-se, abandonar, largar, ceder, renunciar, separar. A palavra êxtase indica deslocamento, mudança, desvio, alienação, turvamento, delírio, estupor, excitação provocada por bebidas inebriantes. (p. 158)

Ele se refere à ayahuasca, bebida milenar preparada por diversas etnias amazônicas a partir do cozimento do cipó conhecido como mariri e das folhas do arbusto chacruna, e destinada à ingestão em rituais. Nessa experimentação extática, além da saída de si, experienciam-se instantes de suspensão do tempo, do espaço, do próprio corpo e da identidade — "êxtase de gozo que se sente como uma película de fulgor incandescente cravada nos extremos dos órgãos ou na aura da alma" (Perlongher, 2020, p. 171), dissolvendo as couraças, ao menos imediatamente as musculares.

Perlongher, um dos antropólogos pioneiros em investigar o sexo a partir da pesquisa de campo participativo entre os michês em São Paulo, diria haver um eixo de liberação em deslocamento, desde o gozo extático propiciado pelo encontro com a dimetiltriptamina (DMT) até a intensa liberação do sexo desgovernado e livre. A DMT é a substância ativada pela ayahuasca e está presente no corpo humano, em inúmeras plantas e em outros animais.

No ano de 1976, em uma conversa com Thierry Voeltzel, Foucault (2018, p. 71) sinalizou para uma "espécie de dessexualização do prazer" experimentada por meio de certas substâncias, como o dietilamida do ácido lisérgico (LSD), as *yellowpills* e a cocaína, que produziam uma "desanatomização da localização sexual do prazer" (p. 72), deslocando-o por outros espaço-tempos e estancando a "apologia do orgasmo" reichiana. A partir das possibilidades de prazer produzidas pelo encontro com substâncias alteradoras da percepção, capazes de "explodir e se difundir por todo o corpo, o corpo se torna [...] o lugar global de um prazer global e, nessa medida, é preciso desembaraçar-se da sexualidade". Voeltzel e Foucault concluíram, provocativos: "É preciso se desembaraçar do sexo". Poderíamos entrar nessa conversa e acrescentar: expandir energias vitais anárquicas, sem lugar esquadrinhado e livres de qualquer ordenamento, como força anarquizante para atiçar mudanças radicais em nós.

Essas reflexões, propiciadas pela amizade entre Foucault e Voeltzel, podem se inserir "como ferramentas nas lutas políticas contemporâneas", conforme sublinharam Eder Silva, Heliana Rodrigues e Rosimeri Dias (2018, p. 58) em nota sobre a tradução, feita por eles, dessa conversa. Assim como a obra de Reich, revirada pelas leituras *queer* e anarquistas situadas ao longo deste texto. Mais do que ferramentas, podem compor "bombas anárquicas" (Freire, 2007), fogos de artifício "detonados por raios vajra azuis de orgônio" (Bey, 2003, p. 14).

Se todas essas autorias se voltaram para as relações e para os costumes — algumas limitadas, pois ainda presas à ideia de estrutura —, enfatiza-se o deslocamento proposto por certxs anarquistas ao destruírem a sacralização do amor do casal monogâmico e da família, expandindo e fortalecendo as relações entre amigxs (Passetti, 2003). O que foi retomado por Foucault, embora sem se referir de modo aberto às práticas libertárias, ao sugerir a "amizade como modo de vida" (1981). Ponto nevrálgico para as resistências contemporâneas, como sublinharam Rodrigues, Dias e Silva (2018, p. 64): "Modos de vida 'anonimamente amicais', se assim ousamos apelidá-los, trazem de imprescindível caráter resistencial a um presente de arremedos fascistoides".

Reich e cada umx dxs anarquistas e *queer* cujas vozes e a escrita aqui se inscrevem têm algo forte em comum: o combate à mortificação imbricada no autoritarismo e em seus efeitos difusos, por meio da afirmação, cada qual à sua maneira singular, do prazer próprio à existência e às relações entre o que é vivo. Cada umx com suas idiossincrasias, com seus deslizes ou atolando os pés na lama da ordem de seu tempo histórico, com os resquícios do mundo civilizado imiscuídos em cantos recônditos de suas subjetividades. A luta se faz a partir de nós e contra nós mesmxs. É prática constante, experimentada aqui e agora, em relações, atentxs à beleza arrebatadora do que pulsa livre e expande força vital. Da vida vegetativa manifesta nos "sentimentos oceânicos" (Reich, 1981, p. 308) à nona onda que arrasta para o afogamento, arremessa à terra ou na qual se descobre como boiar; força selvagem e vigorosa "com a qual vivemos e um modo de ser pelo qual organizamos a existência" (Halberstam, 2020a, p. 180). Uma "selvageria que conjura com a anarquia" (*ibidem*).

Se havia uma pergunta inicial sobre a ausência de referências diretas a Wilhelm Reich por parte de teoriques *queer*, não há uma resposta elucidativa. Mas se nota uma presença omitida e certa *queerização* de sua obra, especialmente nos trabalhos de Preciado. As aproximações e os enfrentamentos aqui expostos, os possíveis debates rascunhados, procuram indicar encontros capazes de expandir uma energia vital anárquica e anarquizante, perturbadora e estranha como *queer* e que, mais do que desviar da rota, pode fazer irromper outros percursos.

Referências

BAEDAN. "The anti-social turn". *Baedan — Journal of queer nihilism*, v. 1, 2012. Disponível em: https://theanarchistlibrary.org/library/baedan-baedan. Acesso em: 24 jun. 2024.

BEY, Hakim. *Caos — Terrorismo poético e outros crimes exemplares*. Tradução de Patricia Decia e Renato Resende. São Paulo: Conrad, 2003.

BOURCIER, Sam. *Homo inc.orporated — O triângulo e o unicórnio que peida*. Tradução de Marcia Bechara. São Paulo: Crocodilo/n-1, 2020.

BUTLER, Judith. *Problemas de gênero — Feminismo e subversão da identidade*. Tradução de Renato Aguiar. 13. ed. Rio de Janeiro: Civilização Brasileira, 2017.

_____. *Corpos que importam — Os limites discursivos do "sexo"*. Tradução de Veronica Daminelli e Daniel Yago Françoli. São Paulo: Crocodilo/n-1, 2019.

EDELMAN, Lee. *No future — Queer theory and the death drive*. Durham/Londres: Duke University Press, 2004.

FOUCAULT, Michel. "Da amizade como modo de vida". Tradução de Wanderson Flor do Nascimento. *Gay Pied*, n. 25, p. 38-39, abr. 1981. Disponível em: http://michel-foucault.weebly.com/uploads/1/3/2/1/13213792/amizade.pdf. Acesso em: 25 jun. 2024.

FOUCAULT, Michel; VOELTZEL, Thierry. "O anti-cu". *Ecopolítica*, São Paulo, n. 22, p. 66-77, set.-dez. 2018. Tradução de Heliana de Barros Conde Rodrigues, Eder Amaral e Silva, Rosimeri de Oliveira Dias.

FREIRE, Roberto. *Travesti*. São Paulo: Símbolo, 1978.

_____. *Coiote*. Rio de Janeiro: Guanabara, 1986.

_____. "Orgasmo e tesão, sexo e revolução". *Revista Libertárias*, São Paulo, n. 3, p. 21-23, set. 1998.

_____. *Roberto Freire conversando com Roberto Simões*. Os

insurgentes: conversações do Nu-Sol com anarquistas no Brasil. São Paulo, Nu-Sol/TV PUC, 2007. Disponível em: https://youtu.be/3r6M58HLFTU?si=yiPS9KjYQGYLQVp0. Acesso em: 24 jun. 2024.

_____. *Ame e dê vexame*. São Paulo: Master Pop, 2013.

GOLDMAN, Emma. *Vivendo minha vida*. Tradução de Nils Goran Skare. Curitiba: L-Dopa, 2015.

_____. *Sobre anarquismo, sexo e amor*. Tradução de Mariana Lins. São Paulo: Hedra, 2021.

_____. "Louise Michel. Carta a Magnus Hirschfeld". Tradução de Eliane Carvalho. *Verve*, São Paulo, n. 42, p. 176-204, 2022.

GUÉRIN, Daniel. *Um ensaio sobre a revolução sexual*. Tradução de Carlos Eugênio Marcondes de Moura. São Paulo: Brasiliense,1980.

HALBERSTAM, Jack. *Trans* — Una guía rápida y peculiar de la variabilidad de género*. Tradução de Javier Sáez. Barcelona/Madri: Egales, 2018.

_____. *A arte queer do fracasso*. Tradução de Bhuvi Libanio. Recife: Cepe, 2020a.

_____. *Wild things — The disorder of desire*. Durham/Londres: Duke University Press, 2020b.

HOCQUENGHEM, Guy. *O desejo homossexual*. Tradução de Daniel Lühmann. Rio de Janeiro: A Bolha, 2020.

LUCCHESI, Flávia. *Queer ingovernável — Da conservadora assimilação ao fogo anarquista*. Tese (doutorado em Ciências Sociais) — Pontifícia Universidade Católica de São Paulo, São Paulo, 2023.

PASSETTI, Edson. *Éticas dos amigos — Invenções libertárias da vida*. São Paulo: Imaginário, 2003.

PERLONGHER, Néstor. "Antropologia do êxtase". Tradução de Edson Passetti. *Revista Ecopolítica*, São Paulo, n. 4, 2012.

PRECIADO, Paul B. *Testo junkie — Sexo, drogas e biopolítica na era farmacopornográfica*. Tradução de Maria Paula Gurgel Ribeiro. São

Paulo: n-1, 2018.

_____. *Manifesto contrassexual*. Tradução de Maria Paula Gurgel Ribeiro. São Paulo: n-1, 2014.

REICH, Ray. "Homopunk". *Homocore*, n. 2, dez. 1988.

REICH, Wilhelm. *A função do orgasmo*. Tradução de Maria da Glória Novak. 9. ed. São Paulo: Brasiliense, 1975.

_____. *A revolução sexual*. Tradução de Ary Blaustein. 8. ed. Rio de Janeiro: Zahar, 1981.

SILVA, Eder; RODRIGUES, Heliana; DIAS, Rosimeri. "É preciso se desembaraçar do sexo — Notas introdutórias a uma conversa entre Michel Foucault e Thierry Voeltzel". *Revista Ecopolítica*, São Paulo, n. 22, p. 55-65, 2018.

SIMÕES, Gustavo. *Roberto Freire — Tesão e anarquia*. Dissertação (mestrado em Ciências Sociais) — Pontifícia Universidade Católica de São Paulo, São Paulo, 2011.

VÁRIOS AUTORES. *Bash back! — Ultraviolência queer*. Tradução de Pontes Outras. São Paulo: Crocodilo/n-1, 2020.

7. Reich e a biologia

RICARDO AMARAL REGO

Coube a mim escrever sobre a relação entre o pensamento reichiano e o conhecimento biológico. É um assunto vasto e complexo, mas me sinto à vontade com a tarefa. Afinal, estudo esse assunto desde o meu primeiro curso com José Angelo Gaiarsa, em 1973, que constituiu uma experiência impactante. Ser filmado e depois discutir a leitura corporal em grupo. Tocar as pessoas, ser tocado. Experimentar a proposta de realizar movimentos livres e perceber a limitação da minha espontaneidade.

Fiquei encantado por esse mundo novo, passei a prestar atenção às manifestações do meu corpo, a ler os escritos de Reich e outros autores semelhantes. Isso foi ocupando espaços cada vez maiores e, em 1984, comecei a trabalhar como psicoterapeuta corporal. Desde então, atendo pessoas, supervisiono casos, ensino analistas. Essa área constitui, também, o eixo da minha produção teórica, que inclui livros, artigos, monografias, uma tese de doutorado e a revisão técnica da tradução de cinco livros de Wilhelm Reich, entre eles *Análise do caráter*, sua maior obra na área da psicoterapia.

Deparo com um dilema: o assunto é longo e o espaço disponível, curto. Por isso, resolvi me concentrar em temas que julgo relevantes para a comunidade reichiana em nosso esforço de divulgar e apresentar à sociedade o valor das ideias de Reich nos dias de hoje. Para isso, priorizo três grandes tópicos:

1) Como fica a psicoterapia corporal de inspiração reichiana diante dos avanços da biologia? Como as descobertas da neurobiologia podem ser incorporadas à compreensão da técnica proposta por Reich e seus discípulos?

2) A partir da década de 1940, Reich se posicionou dizendo que era muito mais um bioterapeuta do que apenas um psicoterapeuta. Essa priorização da dimensão biológica é válida ou devemos dar à dimensão psicológica importância equivalente?

3) Muitas das ideias reichianas não são aceitas nem validadas pela ciência atual. Como lidar com isso para que tenhamos maior presença nas universidades e no sistema de saúde?

A psicoterapia corporal reichiana

A psicoterapia corporal é a contribuição de Reich que mais foi integrada à nossa sociedade como prática reconhecida. Devemos a ele a iniciativa pioneira de criar uma forma de psicoterapia que utilizasse intensamente elementos somáticos na teoria e na técnica. Mais tarde, essa proposta foi desenvolvida e sistematizada por diversos seguidores de suas ideias e constitui hoje uma abordagem reconhecida de psicoterapia.

Já se passaram muitas décadas desde a época em que Reich publicou seus textos. Inúmeros avanços e descobertas ocorreram, sendo importante compatibilizar os conceitos e as propostas que ele criou com os novos conhecimentos. Espero que este artigo proporcione aos psicoterapeutas corporais argumentos sólidos e atualizados, os quais eles possam utilizar na defesa de suas práticas com base no conhecimento científico contemporâneo.

O primeiro ponto importante a destacar é o conceito de *identidade funcional* de corpo e mente. Em *Análise do caráter*, Reich (2020, p. 315) diz: "O que temos em mente não é uma analogia, e sim uma identidade real: a unidade da função psíquica e somática".

Reich se coloca em sintonia com a concepção monista que é a base de todo o conhecimento científico moderno. Isso significa romper com o dualismo, no qual corpo e alma são vistos como substâncias diferentes — visão tradicional da maioria das religiões e que foi também adotada por muitos filósofos, como Platão, Aristóteles e Descartes. Hoje, ninguém duvida que intervenções no corpo físico (como o uso de psicofármacos) podem produzir efeitos na mente. Mas, na década de 1930, época em que Reich criou a psicoterapia corporal, isso não era nada óbvio, e sua proposta foi um passo pioneiro e de grande alcance.

Outro elemento decisivo nas formulações reichianas é o conceito de *autorregulação*. Aqui também há um alinhamento essencial com a biologia. Cada ser vivo desenvolveu estratégias próprias de autorregulação para conseguir sobreviver e se reproduzir em ambientes muitas vezes hostis, competitivos e complexos.

Nos animais, por exemplo, a autorregulação está intimamente ligada à existência de um sistema nervoso que coordena muitas das tarefas necessárias à homeostase. A sofisticação do sistema nervoso, ocorrida em alguns grupos de animais, como os mamíferos (sobretudo nos primatas), levou ao desenvolvimento de capacidades como a emoção, a consciência, a imaginação, o pensamento e a linguagem. Percebe-se, portanto, que vários dos atributos humanos ligados à psicologia são vistos pela biologia como instrumentos surgidos com a função de contribuir para a autorregulação dos seres que os desenvolveram (Damásio, 2018).

Destaco essas duas ideias (identidade funcional e autorregulação) pelo fato de estarem em consonância com a ciência biológica atual. Nesses pontos essenciais, a perspectiva reichiana é coerente e compatível com as neurociências, a psicologia evolucionista, a fisiologia e a fisiopatologia e demais vertentes da biologia. Temos aqui um ótimo ponto de partida para entabular diálogos proveitosos com todos os que valorizam e respeitam a ciência biológica como fundamento de suas práticas.

Outra contribuição importante de Reich está ligada ao papel da expressão corporal no contato entre as pessoas. Em muitas abordagens de psicoterapia, a comunicação se restringe apenas ao que é expresso por meio da linguagem verbal. Reich amplia os horizontes da prática psicoterápica ao integrar aspectos relacionados às manifestações corporais que acompanham a comunicação verbal. Ele adiciona à conhecida escuta analítica um novo universo sensorial, integrando o que podemos chamar de olhar analítico na teoria e na técnica.

Isso está em plena sintonia com a ciência: a *comunicação não verbal* é hoje um campo de estudos, dentro da biologia e de outros ramos do conhecimento, que está se expandindo e se fazendo amplamente reconhecido.

Em *Análise do caráter*, Reich destacou o fato de que muitos conteúdos psíquicos só podem ser acessados por meio da observação do corpo. Isso ganha importância especial no campo da análise das resistências. Reich mostrou que existe um tipo de resistência derivada do próprio jeito de ser da pessoa, do seu caráter. Chamou-a de *resistência caracterológica*. Esta muitas vezes fica oculta, não sendo percebida pelo paciente nem pelo analista como obstáculo ao tratamento. Apenas pela observação dos gestos, da postura, do tom de voz e de outros elementos somáticos seria possível detectar esse tipo de resistência.

Acredito que essa foi uma contribuição valiosíssima de Reich, pois permitiu que detectássemos e eliminássemos resistências que antes passavam despercebidas. Posso testemunhar, partindo da minha experiência clínica, que a técnica reichiana de análise do caráter foi fundamental para o sucesso em inúmeros pacientes por mim atendidos.

Hoje, aquilo que é chamado de *leitura corporal* nas escolas reichianas abrange diversos outros aspectos além da identificação das resistências ocultas. Boa parte do treinamento dos alunos é dedicada ao desenvolvimento da capacidade de observação contínua das informações não verbais expressas na interação entre as pessoas e ao aprendizado de como utilizar esses dados no decorrer de um tratamento. Para o leitor que deseja saber mais sobre o tema, recomendo os livros *A comunicação não verbal*, de Flora Davis (1979), e *O espelho mágico*, de J. A. Gaiarsa (2013). Uma análise mais aprofundada do assunto pode ser encontrada no livro de Michael Heller (2012) sobre os fundamentos da psicoterapia corporal.

Outro ponto a se destacar é a valorização das sensações oriundas do corpo como fonte de informações valiosas para compreendermos a vida psíquica. Reich (2020) parte do conceito de que o conteúdo da consciência é fortemente influenciado pela paisagem corporal, dizendo que "a consciência é uma função da autopercepção em geral" (p. 405). Esse texto foi publicado em 1948, ou seja, mais de meio século antes que António Damásio apresentasse, em seu livro *O mistério da consciência* (2000), ideias semelhantes às de Reich sobre como se dá a formação da consciência com base nos mapas elaborados pelo cérebro a partir da propriocepção e da interocepção. Em um texto sobre os aspectos psicológicos da hipotonia muscular (Rego, 2008), discuto a proximidade das ideias de Reich e Damásio.

A ideia de que a consciência é gerada com base na *autopercepção* se mostra muito útil na clínica. As sensações corporais são como uma ponte entre a biologia e a psicologia. No capítulo 8 do meu livro *Deixa vir...* (Rego, 2014), exponho inúmeros exemplos clínicos de como o contato com as sensações produzidas pelo corpo pode levar à percepção de emoções, desejos, memórias e outros elementos psíquicos que antes eram inconscientes.

Outro efeito da influência da autopercepção sobre a consciência é o fato de podermos captar o que vai na mente de uma pessoa se a imitarmos. Ou seja, se o estado da consciência depende da paisagem corporal, posso compreender a subjetividade de alguém se eu posicionar o meu corpo com a mesma postura, os mesmos gestos, o mesmo andar e o mesmo ritmo respiratório dessa pessoa.

Aliás, graças aos nossos neurônios-espelho, fazemos isso inconscientemente o tempo todo. Sem querer nem perceber, continuamente imitamos e captamos, em algum grau, o que se passa com as pessoas com quem convivemos — e esse é um mecanismo automático muito útil para seres sociais. Esse fenômeno está na base daquilo que chamamos de empatia ou ressonância.

Reich (2020, p. 335) propôs o uso da imitação de gestos, expressões e atitudes do paciente como recurso técnico: "Os movimentos expressivos do paciente provocam involuntariamente uma imitação no nosso próprio organismo. Imitando esses movimentos, 'sentimos' e compreendemos a expressão em nós mesmos e, consequentemente, no paciente".

Um exercício simples que utilizo em minhas aulas sobre o tema é dividir os alunos em grupos de três ou quatro pessoas. Em cada grupo, uma delas vai andando na frente e as demais a seguem, imitando tudo que observam. Depois que todos foram observados e imitados, o grupo conversa sobre o que foi percebido. O resultado habitual é que todos ficam impressionados com a quantidade de informações sobre uma pessoa que é possível inferir a partir de algo tão simples como a imitação do seu andar.

Prosseguindo, outra contribuição de Reich foi a criação de técnicas baseadas em *intervenções sobre o corpo* em um processo de psicoterapia. Vimos que a observação do corpo e a ênfase dada às sensações corporais eram dois aspectos somáticos relevantes para a psicoterapia reichiana. Aqui estamos diante de um terceiro aspecto, constituído por propostas de ação direta sobre o corpo. Hoje, há respaldo científico para entender o embasamento de atividades como: utilizar a respiração para se conscientizar de e modificar estados emocionais; praticar exercícios envolvendo a motricidade para evocar memórias traumáticas; oferecer toques, massagens e outras formas de intervenção sobre o corpo.

Outro ponto de contato entre Reich e a biologia diz respeito à chamada *memória implícita* ou procedural. Para Reich (2020, p. 332), "as ideias da psicologia ortodoxa e da psicologia profunda estão presas a estruturas verbais. Mas o funcionamento do organismo vivo está além de todas as ideias e conceitos verbais [...] o início do funcionamento da vida é muito mais profundo do que a linguagem e está além dela". Ao dizer isso, ele introduz a ideia de serem necessários outros instrumentos além da linguagem para se obter sucesso em tratamentos psicológicos.

Exemplo disso é a proposta reichiana de expansão da técnica freudiana de associação livre de ideias. Percebendo que o inconsciente pode se manifestar não apenas por meio de palavras, a psicoterapia corporal propõe que os gestos espontâneos surgidos na interação entre analista e paciente sejam ampliados dentro do que chamo de *associação livre de ideias e movimentos* (Rego, 2005b; 2014).

A necessidade de ir além das palavras está em completo acordo com a distinção, feita pela neurobiologia, entre os dois tipos de memória existentes: a memória explícita (ou declarativa), relacionada ao registro de ideias e imagens que podem ser evocadas na consciência; e a memória implícita (também chamada de procedural), que envolve habilidades motoras e perceptivas, como o modo de andar, a capacidade de dirigir um carro, de tocar piano etc. Trata-se de coisas que a pessoa sabe fazer, mas não é capaz de explicar como faz.

Vejamos agora o que diz Eric Kandel (2003, p. 145), neurocientista ganhador do prêmio Nobel: "Durante os dois ou três primeiros anos de vida [...] a criança depende basicamente de sua memória procedural [...] A memória declarativa se desenvolve em período posterior" (p. 150). Segundo esse autor, "muitas das mudanças que se desenvolvem no processo terapêutico durante a análise não estão no campo da compreensão consciente, e sim no campo dos comportamentos e conhecimentos não verbais do inconsciente procedural".

Essas ideias, praticamente idênticas ao que Reich dissera mais de 50 anos antes, são apresentadas como grandes novidades!

É admirável como Reich percebeu essa lacuna do tratamento psicanalítico tradicional e criou ferramentas técnicas para ultrapassar as limitações muito antes que o conhecimento no campo da neurobiologia chegasse às mesmas conclusões. O tema da importância da memória procedural nas diversas formas de psicoterapia pode ser aprofundado no livro *O novo inconsciente*, de Marcos Callegaro (2011), assim como em diversos textos meus (Rego, 2005b; 2014).

Outra contribuição importante de Reich foi a sua busca de elementos da biologia que fundamentassem aquilo que ele chamou de *ancoragem somática para conceitos da psicanálise*. Partindo da ideia de que existe uma unidade funcional entre o corpo e a mente, Reich propõe uma hipótese para determinar o que, no funcionamento do organismo, corresponde aos processos psíquicos estudados pela psicanálise.

Para Reich, o elo principal estaria nas atitudes musculares crônicas e fixas ligadas aos diversos processos mentais. Essa ideia é expressa, por exemplo, quando ele diz que "toda rigidez muscular contém a história e o significado de sua origem" (Reich, 1984, p. 255). Em texto meu, examino em detalhe o papel da musculatura em processos psíquicos como a fixação, o recalque, a resistência, a angústia e a quota de afeto (Rego, 2005b).

Mais um ponto enfatizado por Reich é que a meta terapêutica deve ir muito além da proposta de conscientizar o inconsciente. Para o autor, é muito comum, em nossa cultura, a existência de uma desvitalização no organismo em decorrência de ideais religiosos repressivos e de uma educação autoritária e negadora da vida. Portanto, uma vida plena deve incluir a recuperação da *vitalidade*, força inerente a todos os seres vivos. Tal meta é expressa em sua famosa frase: "Este é o nosso grande dever: capacitar o animal humano a aceitar a natureza que existe dentro de si, parar de fugir dela, e passar a desfrutar daquilo que agora tanto o atemoriza" (Reich, 2020, p. 446).

Reich reconhece e reverencia a força, a diversidade e a intensidade dos processos vitais que impelem os seres vivos a se espalhar com grande ímpeto pelo mundo, sobrevivendo e se reproduzindo, evoluindo para se adaptar aos mais estranhos ambientes. Essa visão parece ser compartilhada por biólogos como Richard Dawkins (1995, p. 1-2):

> Todos os organismos que já viveram — cada animal e cada planta, todas as bactérias e todos os fungos, cada coisa rastejante, e todos os leitores deste livro — podem olhar para seus ancestrais e fazer a seguinte afirmação orgulhosa: nem um único de nossos ancestrais morreu na infância. Todos eles alcançaram a vida adulta [...] todos os organismos possuem genes bem-sucedidos [...] É por isso que os pássaros são tão bons em voar, os peixes tão bons em nadar, os macacos tão bons em subir em árvores. É por isso que amamos a vida e amamos o sexo e amamos as crianças.

Diante dos diversos pontos examinados sobre a psicoterapia corporal reichiana, acredito ter ficado claro que essa é uma proposta que continua válida e plausível perante o conhecimento biológico atual. É uma boa notícia para nós, praticantes dessa abordagem! Claro, faz-se necessária uma adaptação aos novos conceitos gerados pela evolução do conhecimento, mas isso é perfeitamente possível e pode significar uma melhoria da compreensão do que fazemos e de por que o fazemos.

Porém, é preciso fazer alguns reparos. O primeiro é que estudar a fundo a biologia significa compreender a visão evolucionista da psicologia, a importância da seleção natural, a primatologia (para conhecer nossos parentes mais próximos), a bioquímica da vida e muito mais. Vejo em diversos colegas certo fascínio e empolgação pelas neurociências, o que é correto e adequado. Mas isso só tem sentido quando colocado no quadro mais amplo de toda a ciência biológica.

Para um mergulho nesse mundo fascinante dos princípios que regulam o funcionamento da vida, sugiro livros como *A perigosa ideia de Darwin* (1998), de Daniel Dennet; e *O relojoeiro cego* (2011) e o *O gene egoísta* (2007), de Richard Dawkins.

Psicoterapeutas e bioterapeutas

Reich criou as bases da psicoterapia corporal na década de 1930, em uma formulação ainda bastante ligada à teoria psicanalítica, quase como uma biopsicanálise. Houve depois um distanciamento progressivo das ideias de Freud, que o colocou no caminho da biologia e dos estudos sobre a bioenergia. Com isso, a psicanálise e a psicologia perderam importância na fundamentação de suas ideias.

Alguns exemplos: em 1944, no prefácio da segunda edição de *Análise do caráter*, ele afirma que o "vegetoterapeuta é essencialmente um bioterapeuta e não mais apenas um psicoterapeuta" (p. 10).

Em 1949, apresentando a terceira edição desse livro, diz que, "na orgonoterapia, procedemos bioenergeticamente, e não mais psicologicamente" (p. 11). Afirma, ainda, que o orgonoterapeuta "está treinado a ver um paciente, antes de mais nada, como um organismo biológico [...] o aspecto psicológico do sofrimento emocional continua a ser importante e indispensável; já não é, contudo, o aspecto mais importante da biopsiquiatria orgonômica" (p. 12).

Esse distanciamento da psicanálise e da psicologia em geral é confirmado por discípulos que conviveram com Reich nessa época.

Ola Raknes (1988, p. 41-42) conta-nos que, "a partir da descoberta da energia orgone cósmica (1939-1940), o principal interesse de Reich concentrou-se nesse novo campo de pesquisa".

Meus primeiros contatos com a psicoterapia corporal ocorreram nas décadas de 1970 e 1980. Hoje percebo que havia, naquele tempo, uma predominância dessa atitude reichiana de encanto com o corpo e com a dimensão biológica, acompanhada de certo desdém pela psicanálise e pela psicologia em geral.

Na década de 1990, verificou-se, entre diversos profissionais do meio reichiano, um movimento de reaproximação e revalorização da psicanálise. Isso se deu por se entender que o grande avanço trazido pela psicoterapia corporal era realizar uma abordagem integrada de corpo e mente. Dessa forma, uma proposta que enfatizava apenas a dimensão corporal se tornava tão limitada e limitante quanto as psicoterapias que aconteciam apenas na dimensão psicológica.

Acredito que ainda haja um caminho a percorrer nesse sentido. Muitos profissionais e cursos de formação continuam priorizando fortemente os aspectos e as técnicas corporais, pouco se aprofundando nas sutilezas da subjetividade e da simbolização, da linguagem, da cultura e do funcionamento psíquico em geral.

Acredito que um componente importante desse predomínio da dimensão corporal no pensamento reichiano é a sua teoria do orgasmo. No livro *A função do orgasmo* (1984), Reich descreve a evolução de suas ideias e detalha o que chamou de *potência orgástica* — conceito central em suas formulações sobre o tratamento das enfermidades psíquicas. Ele diz que "a saúde psíquica depende da potência orgástica, do ponto até o qual o indivíduo pode entregar-se, e pode experimentar o clímax de excitação no ato sexual natural", e que "a condição essencial para curar perturbações psíquicas é o restabelecimento da capacidade natural de amar" (p. 15).

Mais adiante, o tema é retomado: "É simples e parece até vulgar, mas eu sustento que [...] os que estão psiquicamente enfermos precisam de uma só coisa — completa e repetida satisfação genital" (p. 89). E mais: "A gravidade de todas as formas de enfermidade psíquica está diretamente relacionada com a gravidade da perturbação genital. As probabilidades de cura e o sucesso da cura dependem diretamente da possibilidade de estabelecer a capacidade para a satisfação genital plena" (p. 90).

Para o autor, a satisfação sexual direta eliminaria a fonte de energia dos sintomas neuróticos, passo fundamental para o restabelecimento da saúde psíquica: "A estase de excitação é o fator sempre presente simultâneo da enfermidade; não contribui para o conteúdo da neurose, mas lhe fornece energia" (p. 105). Percebe-se, nessas palavras, até que ponto a questão somática e a vivência corporal concreta são priorizadas, e quanto a dimensão simbólica fica em segundo plano.

Considero importantíssima a ênfase dada por Reich ao tema da sexualidade e do orgasmo. Essa sua obra é muito instrutiva ao expor como foi decisivo abordar o tema sem rodeios ou falsos pudores para obter o sucesso do tratamento dos que o procuravam. Porém, essa forte ênfase nos aspectos biológicos me parece induzir a uma atitude de menosprezo à dimensão simbólica, o que julgo equivocado.

Em paralelo a essa discussão, considero extremamente questionável a proposição reichiana sobre a existência de uma sexualidade *natural*, uma capacidade *natural* de amar. Se há uma coisa que aprendi, ao ler sobre psicologia e antropologia, é que não há nada de natural no ser humano. Somos animais eminentemente culturais. A linguagem, os símbolos, os rituais, os valores, as crenças e os mitos atravessam nosso corpo, nossa carne, e transformam tudo. O que move a mente e as emoções é muito mais o significado atribuído a alguma coisa do que a coisa em si.

Cada cultura codifica e molda o jeito de andar, o que comer, como comer, a forma de amar, as metas que se devem buscar, o que é proibido, o que é certo ou errado, os nomes das coisas. Os indivíduos da espécie *Homo sapiens* criados por não humanos, sem linguagem nem cultura, não são gente. São bichos espertos, mas não é possível reconhecê-los como nossos semelhantes. Como dizia Lacan, o bebê é um pedaço de carne que precisa ser colonizado por uma linguagem e interagir simbolicamente com um ser humano para se tornar uma pessoa.

Acredito que os humanos são parte da natureza. Somos animais, e isso influi em tudo que fazemos. Negar isso, negar o corpo, leva a uma visão parcial e equivocada. Qualquer intervenção na vida humana deve levar isso em conta, e há um grande mérito em Reich por ter introduzido elementos corporais em suas teorias e técnicas relacionadas aos tratamentos psicoterápicos.

Mas a corporeidade, se levada a graus extremos como única dimensão significativa, pode ocasionar um reducionismo lamentável que obscurece a realidade subjetiva da vida humana. Nós, psicoterapeutas corporais, devemos saber lidar de modo integrado com aquilo do humano que deriva de nossa natureza animal e, ao mesmo tempo, com as dimensões da psique que ultrapassam as determinações da biologia.

Terminando este tópico, aponto dois exemplos a favor do argumento de que o ser humano não é determinado unicamente pela biologia. Um deles é a contracepção. Não há nada mais estranho à biologia, à seleção natural e ao darwinismo do que isso. Na natureza, na evolução das espécies, sempre prosperam os seres que geram mais descendentes. Só os humanos praticam a evitação de filhos, e isso, por si só, demonstra que existe algo mais a nos guiar além das determinações da nossa natureza animal.

Depois de um argumento genérico, quero apresentar aqui um exemplo oriundo da vida concreta de uma pessoa. Trata-se de uma entrevista da deputada federal Erika Hilton ao jornalista Leandro-Demori.[1] Hilton, mulher transgênero, conta que foi criada pela mãe,

---

1. A entrevista pode ser vista no canal da TV Brasil no YouTube: https://youtu.be/cy6JSA-BIn18?si=GeKuGrm0cqgugOjZ. Acesso em: 25 jun. 2024.

por tias e avós. Viveu a infância com uma identidade feminina sem ter problemas; foi um tempo feliz e tranquilo. Porém, a certa altura, a mãe se converteu a uma religião fundamentalista que dizia que aquilo era coisa de Satanás, que não era certo e deveria ser corrigido. Como a "cura gay" tentada falhou, ela foi objeto de repressão violenta e acabou expulsa de casa aos 14 anos. O único jeito que encontrou para sobreviver foi prostituir-se, como ocorre com a maioria das travestis e das mulheres trans.

Vemos, nesse caso, como uma ideia, uma crença de origem cultural, sobrepujou o instinto materno. Faz parte da nossa herança de mamíferos uma intensa ligação afetiva com os filhotes, e isso é ainda mais forte entre primatas, nos quais a conexão entre mães e filhos estende-se por boa parte da existência. Na vida cotidiana, coisas assim ocorrem constantemente: um ideal, uma motivação cultural ou um valor aprendido são mais determinantes do comportamento do que as inclinações biológicas.

Felizmente, anos depois, a mãe de Erika voltou a acolhê-la, e esse fato foi fundamental para que sua vida tomasse um rumo mais positivo e ela se tornasse uma voz importante na defesa dos direitos humanos.

A peneira da ciência e as ideias de Reich

Durante meu percurso pelos caminhos de Reich, sempre procurei entender o motivo de muitas de suas ideias e propostas ficarem à margem daquilo que é aceito como cientificamente válido. Fico chateado e frustrado quando percebo que tantos conhecimentos valiosos e úteis, originados do seu pensamento, não são ensinados nas universidades nem utilizados na área de saúde de forma mais ampla.

Uma explicação muito comum entre reichianos remete a teorias da conspiração de diversos tipos. Uma das mais comuns é dizer que a indústria farmacêutica e a comunidade médica boicotam deliberadamente esse conhecimento, pois precisam de pessoas doentes para obter seus lucros. Seria um tipo de complô sórdido, em que a ambição desses grupos os levaria a atos claramente criminosos que impediriam a cura de inúmeras doenças.

Como se diz por aí, para cada problema complexo sempre existe uma resposta simples... e equivocada. Esse tipo de teoria conspiratória não se sustenta. Primeiro, porque outros ramos do conhecimento que antes eram desprezados pelos mesmos motivos que as ideias de Reich já foram aceitos pela comunidade científica. Entre eles, listo a meditação, a acupuntura e a ioga, antes vistas como exóticas, estranhas, místicas ou sobrenaturais. O que fez diferença? Esses temas começaram a ser pesquisados com metodologia rigorosa e se comprovou que tinham eficácia. Isso levou à sua incorporação ao rol dos conhecimentos válidos e dignos de ser estudados e ensinados.

Em segundo, qualquer um que tenha contato, mesmo que mínimo, com as universidades e os pesquisadores perceberá que essa ideia de conspiração não se sustenta. Os cientistas, em geral, são tão narcisistas e vaidosos quanto os artistas. Almejam a fama, os prêmios, o reconhecimento público. Eles adorariam descobrir um tema que revolucionasse a sua área de atuação e os colocasse na posição de gênio pioneiro. E as ideias de Reich, por sua distância do que é validado pela ciência atual, constituem um prato cheio nesse sentido.

Descartada essa ideia de conspiração, cabe procurar entender por que essa situação se mantém. A primeira pergunta é: será que estamos mesmo tão fora do que é aceito cientificamente?

Infelizmente, a resposta é sim! Vou tomar como exemplo disso o conteúdo da mais validada base de dados científicos na área de biomedicina. O PubMed[2] abrange dezenas de milhões de citações, oriundas de cerca de 5 mil revistas científicas de mais de 70 países. Alguém que pretenda publicar um artigo científico ou escrever um

---

2. A plataforma está disponível em: https://pubmed.ncbi.nlm.nih.gov. Acesso em: 25 jun. 2024.

doutorado terá de, em algum momento, consultar essa base de dados para saber o que já foi pesquisado sobre os temas que vai desenvolver em seu trabalho.

Para consultar a plataforma, basta digitar (em inglês) os termos que deseja pesquisar e acionar a busca. Como exemplo, busquei *meditation* e apareceram 10.055 resultados. Isso ilustra o que foi dito sobre a inexistência de um complô contra conhecimentos que produzem saúde sem o uso de remédios.

Os critérios para que um periódico seja incluído no PubMed são rigorosos, por ter seguido padrões de pesquisa referendados e por ter passado pela avaliação de revisores (a chamada *peer review*), e isso garante que a informação ali armazenada é confiável.

Realizei uma busca utilizando termos como *orgone, orgone energy, orgasm, orgasm + bioenergy, orgasm +* Wilhelm Reich, *cancer +* Wilhelm Reich, *cancer + bioenergy, cancer + orgone, cancer profilaxy* e outras combinações semelhantes. Não surgiu nenhuma ocorrência que mencionasse conceitos reichianos importantes como função do orgasmo, potência orgástica, profilaxia do câncer, bioenergia ou orgone.

Pesquisas utilizando o termo *bioenergy* remetem quase sempre ao metabolismo celular: mitocôndrias, ATP, ciclo de Krebs. Ou seja, o termo "bioenergia" designa reações químicas intracelulares, que nada têm que ver com uma força vital no sentido reichiano. Quando muito, encontram-se raros artigos sobre bioenergia e ioga ou Qigong, mas sempre algo diferente da energia orgone descrita por Reich.

O que isso quer dizer? Qual é o significado dessa ausência de referência a temas reichianos clássicos nessa imensa base de dados?

Bem, no mínimo quer dizer que os reichianos não pesquisam, ou pelo menos não publicam os resultados de suas pesquisas em periódicos científicos validados pela comunidade acadêmica. Hoje, quem não publica não existe, não tem relevância nem é levado a sério pela comunidade acadêmica e pelos que decidem sobre as políticas de ensino e de saúde.

A falta de pesquisas e artigos científicos nessa área dificulta ou até mesmo impede o reconhecimento das contribuições de Reich. Nas universidades, é raríssimo que os conceitos reichianos sejam ensinados nas faculdades da área da saúde. No serviço público de saúde, as práticas relacionadas às propostas de Reich são pouco enfatizadas. O problema se repete em todos os setores da sociedade.

Pesquisar e publicar em periódicos reconhecidos e indexados é difícil? Sim! Impossível? Não! Existem profissionais da psicoterapia corporal que o fazem. É o caso, por exemplo, de Cynthia Sampaio (2016, 2017, 2019, 2021), que tem artigos sobre meditação e *healing* listados no PubMed. Quanto mais os profissionais da nossa área se dispuserem a seguir esse caminho de estudar, pesquisar, escrever e publicar, maior será a nossa visibilidade e aprovação.

Imagino que, neste momento, alguns leitores estejam contestando minhas palavras e dizendo: "Tem muita gente que escreve e publica artigos na comunidade reichiana! Existem várias revistas brasileiras e internacionais que publicam textos sobre Reich e psicoterapia corporal". Sim, sei que existem. Eu mesmo fui fundador e editor, por vários anos (1992-2000), de um periódico desse tipo, a *Revista Reichiana SP*. Existe grande valor nisso: é preciso dialogar com os colegas, pois há uma imensa diversidade de ideias e de abordagens e sempre surgem novas teorias e técnicas. O problema é que esse tipo de publicação se dá dentro da "bolha". Nessa bolha, o diálogo é produtivo e válido, mas para quem está fora dela é como se não existíssemos.

Por que a terapia cognitivo-comportamental (TCC) ocupa tanto espaço nas universidades, nas indicações dos psiquiatras, na rede de saúde pública e privada? Porque eles pesquisam e publicam seus resultados fora da sua bolha e, com isso, ganham reconhecimento. Esse é o ponto.

Dar aulas em universidades, cursar mestrados e doutorados, escrever e publicar em livros ou até mesmo em revistas não indexadas, tudo isso contribui para não ficarmos à margem. Mas há outra tarefa a encarar: a de aprender a falar a linguagem da ciência, pesquisar, publicar e mostrar ao mundo que temos algo de bom que pode contribuir muito para a saúde física e mental das pessoas.

Referências

CALLEGARO, Marcos. *O novo inconsciente*. Porto Alegre: Artmed, 2011.

DAMÁSIO, António. *O mistério da consciência*. São Paulo: Companhia das Letras, 2000.

_____. *A estranha ordem das coisas — As origens biológicas dos sentimentos e da cultura*. São Paulo: Companhia das Letras, 2018.

DAVIS, Flora. *A comunicação não verbal*. 8. ed. São Paulo: Summus, 1979.

DAWKINS, Richard. *River out of Eden*. Londres: Weidenfeld & Colson, 1995.

_____. *O gene egoísta*. São Paulo: Companhia das Letras, 2007.

_____. *O relojoeiro cego — A teoria da evolução contra o desígnio divino*. São Paulo: Companhia das Letras, 2011.

DENNET, Daniel. *A perigosa ideia de Darwin*. Rio de Janeiro: Rocco, 1998.

GAIARSA, José Angelo. *O espelho mágico — Um fenômeno social chamado corpo e alma*. 14. ed. rev. São Paulo: Ágora, 2013.

HELLER, Michael. *Body psychotherapy — History, concepts, and methods*. Nova York: Norton, 2012.

KANDEL, Eric. "A biologia e o futuro da psicanálise — Um novo referencial intelectual para a psiquiatria revisitado". *Revista Psiquiatria RS*, v. 25, p. 139-65, 2003.

RAKNES, Ola. *Wilhelm Reich e a orgonomia*. Tradução de Antonio Negrini. São Paulo: Summus, 1988.

REGO, Ricardo Amaral. *Psicanálise e biologia — Uma discussão da pulsão de morte em Freud e Reich*. Tese (doutorado em Psicologia) — Universidade de São Paulo, São Paulo, 2005a. Disponível em: https://repositorio.usp.br/item/001448105. Acesso em: 25 jun. 2024.

_____. "Reich e o paradigma pulsional freudiano". In: ALBERTINI, Paulo (org.) *Reich em diálogo com Freud*. São Paulo: Casa do Psicólogo, 2005b, p. 59-87.

_____. *A vida é dura para quem é mole — Considerações sobre aspectos psicológicos da hipotonia muscular*. Monografia (formação em Análise Bioenergética) — Instituto de Análise Bionergética de São Paulo, São Paulo, 2008. Disponível em: https://shre.ink/DKtO. Acesso em: 25 jun. 2024.

_____. *Deixa vir... Elementos clínicos de psicologia biodinâmica*. São Paulo: Axis Mundi, 2014.

REICH, Wilhelm. *Análise do caráter*. São Paulo: Martins Fontes, 2020.

_____. *A função do orgasmo*. 10. ed. São Paulo: Brasiliense, 1984.

SAMPAIO, Cynthia Vieira Sanches; LIMA, Manuela Garcia; LADEIA, Ana Marice. "Efficacy of healing meditation in reducing anxiety of individuals at the phase of weight loss maintenance — A randomized blinded clinical trial". *Complementary Therapies in Medicine*, v. 29, p. 1-8, 2016.

_____. "Meditation, health and scientific investigations — Review of the literature". *Journal of Religion and Health*, v. 56, n. 2, p. 411-427, 2017.

SAMPAIO, Cynthia Vieira Sanches; MAGNAVITA, Guilherme; LADEIA, Ana Marice. "Effect of healing meditation on weight loss and waist circumference of overweight and obese women — Randomized blinded clinical trial". *Journal of Alternative and Complementary Medicine*, v. 25, n. 9, p. 930-937, 2019.

_____. "Effect of healing meditation on stress and eating behavior in overweight and obese women — A randomized clinical trial". *Complement Therapies in Clinical Practice*, v. 45, nov. 2021.

8. Liberdade, autorregulação e política sexual em Wilhelm Reich

CASSIO BRANCALEONE

No Brasil, nas últimas décadas, observamos um interesse ainda tímido, embora crescente, de pesquisadores das mais diversas áreas do conhecimento pelas obras de Wilhelm Reich (Matthiesen, 2012). Tal evidência se deve ao fato de que os trabalhos de Reich, médico e psicanalista por formação e prática profissional, ultrapassaram os domínios disciplinares em seu escopo e em seus desdobramentos.

Se no marxismo ele encontrou abrigo para se vincular a uma sociologia crítica compatível com valores políticos comprometidos com a liberdade e a autonomia do ser humano, na etnologia se deparou com um terreno fértil para validar suas principais teses e fundamentar a nascente economia sexual[1].

Wilhelm Reich pode ser considerado o mais criativo e maldito dos discípulos de Freud. Curiosamente, sua leitura marxista da psicanálise e sua perspectiva transdisciplinar do complexo *psicossociobiológico* o conduziram a conclusões e posições antiautoritárias muito afins ao anarquismo[2]. Podemos assinalar a relevância de seu trabalho em duas esferas principais: a preocupação prática de colocar técnicas e conquistas psicoterapêuticas a serviço da libertação da classe trabalhadora; e a inquietude teórica para romper com algumas das premissas básicas da abordagem psicanalítica freudiana.

Reich viveu em uma época de grande efervescência intelectual, sobretudo no que diz respeito às ciências sociais e humanas. Parte central de seu trabalho intelectual floresceu durante o período entreguerras, quando várias correntes de pensamento estavam em disputa e interação. A antropologia, nesse contexto, passava por um período de consolidação e expansão, e pesquisadores como Bronislaw Malinowski e Franz Boas contribuíram decisivamente para redefinir a disciplina.

Estabelecendo diálogos diretos e indiretos com a antropologia ao longo de sua carreira, Reich conduziu pesquisas sobre a sexua-

---

1. O conceito de economia sexual tem pelo menos dois sentidos na obra de Reich: a) o reconhecimento da existência de necessidades biológicas e psíquicas associadas às funções sexuais que, quando não atendidas de forma adequada (impotência orgástica), resultariam na incapacidade de amar e de se relacionar satisfatoriamente com os demais; b) campo de estudos dedicado a investigar como as sociedades, através de suas representações ideológicas e instituições, regulam a energia sexual dos indivíduos.
2. No Brasil, a psicanálise reichiana vicejou nos trabalhos de Roberto Freire, que uniu elementos da antipsiquiatria, das terapias de grupo e da capoeira angola, sob uma marcante orientação filosófica e política anarquista, para desenvolver a somaterapia (ver Freire, 1988).

lidade humana e as estruturas familiares, ecoando em algumas das preocupações dos antropólogos que estudavam sistemas de parentesco e organização social em diferentes culturas. Além disso, ele expressou interesse pela relação entre psicologia individual e estruturas sociais, tema compartilhado por muitos antropólogos. Este breve ensaio pretende explorar a importância da antropologia para o pensamento de Reich, situando nesse campo algumas de suas ideias sobre o papel da política (e da revolução) sexual no âmbito do processo de emancipação social.

Autorregulação e liberdade

A liberdade é um dos princípios centrais que funda a autorrepresentação da modernidade como marco temporal histórico e determinado modelo civilizatório. Na filosofia política, é comum que se debatam suas dimensões positiva e negativa. Enquanto a liberdade negativa refere-se à ausência de interferência externa nos atos individuais, a liberdade positiva implica a capacidade de agir de acordo com a própria vontade e interesse, em um contexto de interdependência, sujeito a influências sociais ou estruturais.

O liberalismo dominou o significado mais vulgarizado da ideia de liberdade, fundada na idealização de um indivíduo autárquico e livre de constrangimentos alheios ao seu arbítrio. Por fora da filosofia política e do senso comum, foi a psicanálise a principal responsável por promover um estilhaçamento dessa perspectiva, ao reconhecer a consciência humana como uma faceta complexa da realidade, na qual se cruzam e se interpenetram o individual, o interindividual e o sociocultural, estando ainda parte substantiva das atividades mentais, morais e representacionais dos sujeitos condicionada por fatores infraconscientes.

Reich partirá de uma leitura materialista e funcionalista da condição humana, disposto a encontrar, para a liberdade como princípio moral, um equivalente na natureza, na potência de autorregulação da vida. O atendimento das necessidades materiais básicas imprescindíveis para a reprodução dos indivíduos, porém, é inseparável da cobertura das suas necessidades psíquicas, e aqui observamos uma mobilização muito criativa do marxismo:

> Ao examinar as necessidades cuja satisfação é útil para a produção, Marx, em *Das Kapital*, distingue entre duas espécies de necessidades, as que têm origem no "estômago" e as que têm origem na "imaginação". Atualmente, como demonstrou a investigação psicanalítica, as necessidades da "imaginação", como lhes chamou Marx, revelaram-se como transposições e derivações evolutivas das tendências sexuais sujeitas a transformações. (Reich, s/d, p. 160)

Da magnitude atribuída por Freud ao problema da sexualidade humana para a formação da subjetividade e a afirmação da ordem civilizada, Reich extraiu preceitos que extrapolaram o domínio da psique para o âmbito da corporalidade e se relacionavam de forma dramática com dilemas sociais, políticos e existenciais do gênero humano. Uma "melhor regulação" da existência dos indivíduos, por parte deles próprios, visando a atender suas necessidades (do "estômago" e da "imaginação") é o que preconizava Reich, a partir de uma sociedade organizada sem a existência ou a centralidade de instituições e dispositivos repressivos, afiançando a liberdade como capacidade para a autonomia do sujeito, ou seja, como *autorregulação* (Cáo e Ouriques, 2019).

É importante ressaltar que Reich situava esse indivíduo histórico no contexto da sociedade de massas — logo, corroborando o diagnóstico da massificação de um padrão de subjetivação que reproduzia comportamentos subservientes e conformistas. E a reversão desse processo mediante a superação da moral sexual repressiva, com suas respectivas instituições (como a família patriarcal, sustentada pela abstinência sexual compulsória da juventude, e o casamento indissolúvel), resultaria em seres capazes de atuar com maior autonomia, protagonismo e responsabilidade diante dos imperativos da cultura e do inconsciente.

Se é correto afirmar que em Reich a autorregulação não é um conceito formalizado, isso não nos impede de torná-la um axioma, um princípio que se tornou central em seu pensamento (Bellini, 1993), por meio do qual podemos situar as conexões e o comprometimento de suas análises sociológicas e psicanalíticas com o tema da liberdade humana. Nesse sentido, a autorregulação em Reich pode ser entendida como a *capacidade e disposição crítico-reflexiva de operar diante do conjunto de normas e determinações preexistentes, inclusive modificando-as*, ou seja, remetendo-as às próprias dinâmicas de constituição de *sujeitos autônomos e autorreflexivos*. O indivíduo contemporâneo se realiza na multiplicidade das condições socioculturais e do arco de escolhas à sua disposição, estimulado ou impedido por instituições que conformam aquelas mesmas condições.

A autorregulação como capacidade e disposição, em um ambiente social que viabilizasse o atendimento adequado das necessidades individuais, amparadas naquilo que Reich considerava os três grandes aspectos da existência humana — o trabalho, o amor e o conhecimento —, teria como finalidade a autorrealização (o livre desenvolvimento das potencialidades humanas). E um dos meios de favorecê-la, como grande contribuição da psicanálise, passaria pela qualidade do tratamento prestado à resolução dos conflitos afetivos, emotivos e sexuais, o que permitiria eliminar os obstáculos (psicopatologias) que impedem a realização da potência orgástica (Albertini, 2015).

Conferir sentido à ideia de autorregulação como fenômeno associado à produção de processos de subjetivação calcados na autonomia dos indivíduos, promovendo modalidades de "autoconsciência" e satisfação da potência orgástica, habilitando-os como uma espécie de *artífices de si* (obviamente, sem fazer tábula rasa das determinações materiais e simbólicas que modulam os processos de subjetivação): eis um possível horizonte para esboçar uma leitura reichiana do exercício da liberdade no plano do sujeito (Vieira e Volpi, 2016). Já no plano sociopolítico, as ideias apresentadas por Reich quando distingue o comportamento humano *heterodirigido* do *autodirigido* oferecem insumos para analisar as configurações (e os trânsitos) de sociedades autocráticas e democráticas[3].

Para Reich, a matriz teórica freudiana estaria baseada na reificação de uma antropologia a-histórica que reduzia o indivíduo à sua versão moderna tipicamente representada pelas sociedades burguesas, em que o utilitarismo como ancoradouro normativo tinha um peso desproporcional (quando não exclusivo). Nessa perspectiva, o ser humano se encontraria dividido pelo eterno jogo dialético entre maximizar o prazer e minimizar a dor. A civilização (ou a cultura) passaria a ser definida como a realização do processo disciplinador do princípio do prazer, donde a equação *sociedade = repressão* das pulsões (Freud, 2006). Do prazer reprimido ou sublimado se originariam as fontes de infelicidade, traduzidas em neurose e psicose. O problema no dilema freudiano seria: se somente haveria realização plena do indivíduo no desenvolvimento do prazer autocentrado, o *mal-estar* seria uma condição humana endêmica incontornável, e as saídas mais imediatas ou acessíveis estariam pouco além da religião e da satisfação substitutiva dos entorpecentes.

Ao antropologizar e historicizar o indivíduo freudiano, sem negar o peso do primado do prazer como fonte privilegiada da constituição individual, Reich o compreendia no âmbito da mediação de relações

---

[3]. Reich defendia a emergência de uma "democracia do trabalho", ou seja, uma sociedade na qual os trabalhadores pudessem não apenas ter acesso às riquezas socialmente produzidas, mas também aos mecanismos de gestão e distribuição da própria riqueza. Sua afinidade com os princípios da autogestão o situava no campo libertário e antiautoritário do marxismo, outro elemento que o avizinhava do anarquismo.

sociais sem a necessidade de flertar com um suposto estado de natureza. Para ele, a civilização moderna burguesa seria a única constituída com base na mais absurda negação das satisfações sexuais, como forma de produção em massa da obediência e redirecionamento das energias vitais do ser humano para a geração de crescentes excedentes materiais, que são apropriados pelas classes dominantes. E, por meio do estudo etnológico de outras sociedades (Reich, s/d), Reich identificou a coexistência concreta e coerente entre a realização do princípio do prazer e a reprodução de vida social coesa e pacífica (ou seja, de outras formas de ser civilização).

Graças ao contato com a literatura antropológica de sua época, em particular os trabalhos de Malinowski (1973, 1982), com quem manteve contato pessoal (Reich, 1970) e por quem cultivou uma admiração que era recíproca, Reich encontrou elementos empíricos mais convincentes para sustentar uma de suas grandes teses que se contrapunha à de Freud:

> A teoria psicanalítica da libido e das neuroses ensina — por menos que se lhe retire as consequências lógicas — que as neuroses não podem existir numa sociedade de indivíduos em que a maioria viva de acordo com as exigências da economia sexual, pois que as neuroses decorrem de uma vida genital inibida. (Reich, s/d, p. 30)

A documentação etnológica comprovava a existência de sociedades nas quais o atendimento satisfatório das necessidades sexuais de seus integrantes era permitido culturalmente e estimulado por instituições e costumes, sem que isso subtraísse energias do trabalho socialmente útil e colocasse em risco a ordem social.

Além de relativizar o conceito de civilização, encrustado etnocentricamente na ideia corrente de progresso e ordem social, cujo critério definidor era a autorrepresentação das sociedades modernas europeias, Reich, partindo da descrição do modo de vida e das instituições dos trobriandeses — povos islenhos nativos da Papua Nova Guiné e imortalizados pelas etnografias de Malinowski —, conseguia obter informações empíricas muito valiosas sobre formas variadas de organização das relações sexuais, domésticas e familiares, o que permitiu ampliar o escopo de reflexão da teoria e da prática psicanalíticas.

Certamente há problemas de ordem evolucionista ao atribuir aos povos aborígenes um suposto papel de "testemunhos" remanescentes de estruturas sociais pretéritas ou originárias, como o matriarcado. Esse debate, bastante controverso no seio da antropologia, ainda merece ser esclarecido. Mas Reich seguia pistas deixadas pelos clássicos inescapáveis a quaisquer interessados no assunto, como Lewis Morgan e Johann Bachofen, popularizados no âmbito do marxismo por Engels ao publicar *A origem da família, da propriedade privada e do Estado*, leitura crucial dominada pelo psicanalista austríaco.

É relevante explicitar que o campo socialista também foi um território formativo da cultura política de Reich, no qual os debates incipientes sobre gênero, sexualidade e poder, em grande medida orbitando ao redor da problemática do "amor livre" como crítica aos costumes e aos padrões compulsórios de relacionamentos familiares, da monogamia e do matrimônio vitalício, ganharam notoriedade nos escritos de Charles Fourier (2008) e nas "experimentações" de Giovanni Rossi (2000). Tais críticas foram também estimuladas e fundamentadas em informações cruzadas entre a chamada "literatura de viajantes" (missionários, comerciantes e agentes coloniais) e a antropologia emergente, ao destacar aspectos exóticos, curiosos e singulares da vida de povos não europeus.

De todo modo, é inegável o impacto desses dados e da própria racionalidade etnológica em desenvolvimento, uma vez que essa modalidade mais generosa de encarar a diversidade da condição humana, no pensamento científico em geral e na teoria psicanalítica de Reich, permitiu-lhe alcançar conclusões como a que segue:

Os casais trobriandeses tanto podem ser monogâmicos como por vezes poligâmicos; durante algumas festas pode mesmo falar-se de promiscuidade; mas todas essas classificações não significam nada nessa sociedade e só assumem sentido e conteúdo enquanto princípios que estão na base dos nossos esforços de regulação moralista. Tampouco entre nós elas traduzem qualquer realidade. Também entre nós as relações sexuais são multiformes. (Reich, s/d, p. 18)

Sexpol contra o autoritarismo e o fascismo

A peste emocional, uma biopatia de manifestação social caracterizada por Reich como fruto da moral sexual repressiva e de seus efeitos geradores de frustração e neuroses, teria auxiliado no amadurecimento das condições ideológicas para a emergência dos regimes totalitários. Em suas reflexões pavimentadas pelo calor dos anos 1930, Reich esboçou algumas respostas para explicar as correlações entre autoritarismo e obediência nas sociedades de massa. Desenvolveu seus argumentos constatando que os elementos relacionados à disciplinarização da força de trabalho e dos súditos-cidadãos perante as estruturas de poder representadas pelo capital e pelo Estado figuram como importantes mecanismos de produção e reprodução do indivíduo heterodirigido, átomo indispensável do funcionamento e da manutenção das sociedades modernas (as convergências com La Boétie — ao salientar os aspectos do servilismo tornado costume, e com Foucault — com a metáfora da sociedade-fábrica, são surpreendentes). Sua leitura, levada às últimas consequências, pode ser cotejada detalhadamente no âmbito do raciocínio contido em seu livro sobre a disseminação do nazismo na Alemanha (Reich, 1988).

Recordemos que Reich situava a regulação das funções sexuais, como realização plena ou não do que denominava potência orgástica, no centro de seu entendimento sobre os modos de subjetivação e seus respectivos regimes de disciplinamento do ser humano. Daí sua aposta quase incondicional, no campo da luta de libertação dos subalternos, na urgência e até mesmo na primazia da realização de uma verdadeira *revolução sexual*. O fim das misérias sexuais estaria, para Reich, diretamente ligado ao desenvolvimento de uma personalidade sadia e espontânea, conformando o florescimento de sujeitos capazes de uma atitude crítica diante do poder e da vida — e, portanto, mais compatíveis com sociedades livres, autônomas e democráticas (Reich, 1966).

Para ampliar e fortalecer a luta contra a miséria sexual e a peste emocional, na expectativa de contribuir com um verdadeiro esforço de profilaxia social, Reich fundou, em 1931, a Associação Alemã para uma Política Sexual Proletária (Sexpol). Essa entidade, vinculada ao Partido Comunista Alemão, do qual Reich fez parte até dele ser expulso, chegou a envolver dezenas de milhares de pessoas. Sua experiência em clínicas populares, nas quais atendeu indivíduos da classe trabalhadora e de outros setores humildes, foi marcante e fundamental tanto para que ele afirmasse suas posições políticas quanto para que elaborasse sua teoria psicanalítica.

O reconhecimento da baixa eficácia do tratamento clínico individual, isolado de uma política que desencadeasse uma mudança radical nas instituições e nas ideologias vigentes, levou Reich a ensaiar um verdadeiro laboratório de ação política de massas com a Sexpol, visando promover uma ampla profilaxia das neuroses, articulando atividades em clínicas, associações, sindicatos. Tudo isso culminou em um invejável movimento de educação sexual para a classe trabalhadora, com um programa sistemático que contemplava ações práticas pontuais e propostas como: distribuição gratuita de contraceptivos; legalização e acesso seguro ao aborto; apoio econômico a gestantes e mães; liberdade de divórcio; capacitação de médicos, professores e outros agentes públicos para orientações de higiene e prevenção de doenças venéreas; proteção da sexualidade de crianças e adolescentes; e abolição da prostituição por erradicação de suas causas (Reich, 1972).

Os conflitos com o Partido Comunista, que o criticava por privilegiar a economia sexual no lugar da economia política, além do vertiginoso crescimento do movimento nazista, se erigiram como barreiras aos avanços da Sexpol. O gradativo cerceamento às liberdades de pensamento e à sua prática profissional e as reais ameaças de morte levaram Reich ao exílio. Em 1939, ele se instalou nos Estados Unidos, em grande medida graças à solidariedade de intelectuais como Malinowski.

Durante sua vida nos Estados Unidos, suas ideias foram bem recebidas por alguns círculos intelectuais radicais locais; de certo modo, ele ocupou um lugar especial no interior do ecossistema libertário que alentaria a chamada contracultura, o movimento *hippie* e o movimento estudantil de 1968. O espectro do amor livre, alçado ruidosamente como palavra de ordem, longe de significar a mera abolição da autoridade familiar a favor de todo tipo de experimentações orgiásticas (tampouco excluindo-a), projetava-se como crítica ao patriarcado e à estrutura familiar como instância reprodutora de relações de poder solidárias com estruturas mais amplas de dominação.

A crítica à família estava situada na necessidade de superar a moral sexual repressiva da qual era uma expressão, sobretudo por dois de seus aspectos centrais nas sociedades burguesas modernas: o casamento monogâmico vitalício ou indissolúvel e a abstinência pré-nupcial forçada da juventude. O paradoxal é que, de certo modo, após 1968 a "revolução sexual" foi vitoriosa. Muitas das propostas mais avançadas associadas à livre expressão da vida sexual, ainda que operando no interior de um regime patriarcal cis-heterossexual e em contradição a ele, foram disseminadas mediante mudanças comportamentais de grande magnitude, sustentadas pelo fortalecimento e pela consolidação do feminismo e do movimento LGBT, por exemplo.

Em certo sentido, a moral sexual repressiva conhecida e denunciada por Reich como base da dominação que movia a sociedade disciplinar entrou em declínio — apesar da existência de vigorosos e pequenos recantos moralistas, geralmente associados a comunidades religiosas extremistas[4] —, ultrapassando as demandas e práticas da rebeldia juvenil e provocando transformações comportamentais que atingiram extensos setores das sociedades contemporâneas.

Porém, a "vitória" da revolução sexual foi cooptada pelo capitalismo (Boltanski e Chiapello, 2002) e colocada para funcionar a seu favor, como motor principal da indústria da produção do desejo e das aparências que sustenta a faceta da "sociedade do espetáculo" (Debord, 1997). Se a esfera de circulação de bens e mercadorias assumiu um redimensionamento e uma hipertrofia que superaram, em termos de alocação de mão de obra e de seu significado no imaginário social, a esfera da produção, isso se deve também ao crescente e não menos inovador processo de *erotização* do consumo. Até que ponto a realização de parte substantiva do programa da política sexual teria significado sua subsunção no âmbito de novos e sofisticados mecanismos de dominação?

Duas poderiam ser as lições extraídas da psicossociologia reichiana posta à prova (Reich, 1977): a) a centralidade da esfera sexual no processo de constituição do comportamento autodirigido do indivíduo pode ter sido sobrevalorizada e estaria na dependência de outros fatores para se realizar; b) o processo de autorregulação individual como fenômeno social, associado não exclusivamente à profilaxia das neuroses, todavia segue em curso, e as mudanças psíquicas e comportamentais relacionadas às nossas práticas sexuais, familiares e domésticas são um elemento presente que não deixa de se manifestar.

---

4. Não pretendo estabelecer uma asserção definitiva sobre o tema, pois muitos estudiosos das religiões contemporâneas entendem que os níveis de porosidade entre a moral dominante e as práticas cotidianas são suficientemente complexos para deixar escapar não apenas o contraditório, mas também o surpreendente e o extraordinário.

Considerações finais

Wilhelm Reich foi um pensador singular e homem de ação apaixonado e polivalente. Seu compromisso com a prática médica, por entendê-la condicionada pelas dinâmicas de uma sociedade autoritária e de classe, o alçou à linha de frente de combates desiguais, contra forças desproporcionais e cruéis, dentre as quais podemos assinalar os próprios ex-companheiros de partido e toda a maquinaria de propaganda soviética. Lamentavelmente, ele encontrou seu fim em uma prisão na "maior democracia do mundo", animada por ventríloquos da plutocracia estadunidense. Perseguido pelas investidas paranoicas do macarthismo, tornou-se inimigo público e foi condenado por suas ideias. Seu generoso legado, entretanto, ainda está por ser mais bem compreendido e acolhido (Dadoun, 1991).

Ao longo deste breve ensaio, tentamos apontar a proeminência do conceito de autorregulação no pensamento de Reich e sua condição axiomática na sustentação da concepção de liberdade, que atravessa sua teoria e prática psicanalítica, culminando em seu engajamento com a política sexual. Além disso, sustentamos que o contato de Reich com as pesquisas etnológicas de Malinowski, em particular, e com a perspectiva antropológica, de modo geral, foi decisiva para ampliar o escopo de sua abordagem psicanalítica, oferecendo insumos para complexificar sua compreensão a respeito da sexualidade humana e, desse modo, consolidar o teor de sua crítica a alguns dos pressupostos estabelecidos por Freud.

Referências

ALBERTINI, Paulo. *Na psicanálise de Wilhelm Reich*. Tese (livre-docência em Psicologia) — Universidade de São Paulo, São Paulo, 2015.

BELLINI, Luzia Marta. *Afetividade e cognição — O conceito de autorregulação como mediador da atividade humana em Reich e Piaget*. Tese (doutorado em Psicologia) — Universidade de São Paulo, São Paulo, 1993.

BOLTANSKI, Luc; CHIAPELLO, Eve. *El nuevo espíritu del capitalismo*. Madri: Akal, 2002.

CÁO, Jéssika Sarcinelli; OURIQUES, Evandro Vieira. "Entrelaçamento psicobioenergeticossocial — A autorregulação e a transdisciplinaridade de Wilhelm Reich". *Scientiarum Historia*, v. 1, n. 1, 2019. Disponível em: https://revistas.hcte.ufrj.br/index.php/RevistaSH/article/view/80>. Acesso em: 25 jun. 2024.

DADOUN, Roger. *Cem flores para Wilhelm Reich*. São Paulo: Moraes, 1991.

FOURIER, Charles. *El falansterio*. Buenos Aires: Godot, 2008.

FREIRE, Roberto. *Soma — A alma é o corpo*. 4. ed. Rio de Janeiro: Guanabara Koogan, 1988. v. 1.

FREUD, Sigmund. "O mal-estar na civilização". In: *Obras psicológicas completas*. Rio de Janeiro: Imago, 2006. v. XXI.

MALINOWSKI, Bronislaw. *Sexo e repressão na sociedade selvagem*. Petrópolis: Vozes, 1973.

_____. *A vida sexual dos selvagens do noroeste da Melanésia*. Rio de Janeiro: Francisco Alves, 1982.

MATTHIESEN, Sara Quenzer. "Wilhelm Reich e a produção acadêmica brasileira entre 1979 e 2008". *Psicologia: Ciência e Profissão*, v. 32, n. 1, p. 52-65, 2012. Disponível em: https://revistas.hcte.ufrj.br/index.php/RevistaSH/article/view/80/62. Acesso em: 25 jun. 2024.

REICH, Wilhelm. *A irrupção da moral sexual repressiva*. São Paulo: Martins Fontes, s/d.

_____. *A revolução sexual*. São Paulo: Círculo do Livro, 1966.

_____. *Reich habla de Freud*. Barcelona: Anagrama, 1970.

_____. *Sex-pol — Essays, 1929-1934*. Nova York: Random House, 1972.

_____. *Psicopatologia e sociologia da vida sexual*. São Paulo: Global, 1977.

_____. *Psicologia de massas do fascismo*. 2. ed. São Paulo: Martins Fontes, 1988.

Rossi, Giovanni. *Colônia Cecília e outras utopias*. Curitiba: Imprensa Oficial, 2000.

Vieira, Gabriela da Silva; Volpi, José Henrique. "Autorregulação — Uma contribuição da psicologia corporal para as vivências terapêuticas grupais". In: Volpi, José Henrique; Volpi, Sandra Mara (orgs.). Congresso Brasileiro de Psicoterapias corporais, XXI, 2016. *Anais*. Curitiba: Centro Reichiano, 2016. Disponível em: https://www.centroreichiano.com.br/artigos/Anais_2017/Autorregulacao-VIEIRA_Gabriela_da_Silva_VOLPI_Jose_Henrique.pdf. Acesso em: 26 jun. 2024.

9. Reich e educação

SÍLVIO GALLO

Wilhelm Reich não é um autor conhecido, muito menos reconhecido, no campo da educação. Seu nome não figura nos tratados de pedagogia, tampouco nos livros de história da educação. No entanto, penso ser possível afirmar que a problemática educativa foi um tema transversal em seu pensamento e em sua obra, ainda que, de certo modo, não fosse o foco central de seu trabalho. Como não se trata de uma "via de mão única", é de se imaginar que quem lida com a educação precisaria, ao menos, ter curiosidade pelas ideias de Reich, o que não se efetiva. Por quais motivos? A meu, ver, eles são óbvios. Reich tratou de temas que configuram tabu no campo educativo, como a sexualidade infantil; além disso, construiu uma visão extremamente crítica do conservadorismo e do papel da família e dos educadores em sua manutenção. Tudo isso ajuda a entender o silêncio em torno de sua obra; porém, em um tempo de nova onda conservadora, que nos atinge de modo avassalador, torna-se ainda mais importante e oportuno que os educadores reivindiquem a leitura de Reich.

Neste capítulo, não pretendo passar em revista a obra de Reich para apontar e sistematizar suas ideias sobre educação, tarefa que seria por demais difícil e complexa.[1] Longe disso, oferecerei uma "leitura interessada" de partes de sua obra, destacando pontos que, para mim, precisam ser conhecidos e debatidos por aqueles que se dedicam à difícil e controversa arte de educar. Ao falar em "leitura interessada", evidencio desde já meu interesse: a preocupação de Reich com a liberdade, de modo que em seus textos encontramos análises sobre como a educação instituída tolhe a liberdade humana; e reflexões em torno de como cada um poderia educar-se para ser mais livre e autônomo. Não se espere deste texto, pois, uma leitura exaustiva e especializada, mas alguns comentários e derivações daquilo que produziu o controverso e instigante pensador e terapeuta.

A obra de Reich foi produzida durante a primeira metade do século 20, portanto marcada pelas duas guerras mundiais e, sobretudo, pelos impactos sociais e políticos do nazifascismo. Mas voltemos um pouco no tempo para encontrar o fio do percurso que será aqui realizado. Ainda no final do século 18, na obra *Investigação sobre a justiça política*, publicada na Inglaterra em 1793, William Godwin lançava suspeita sobre os iniciantes sistemas públicos de ensino geridos pelos governos:

> [...] todo projeto nacional de ensino deveria ser combatido em qualquer circunstância, pelas suas óbvias ligações com o governo, uma ligação mais temível do que a velha e muito contestada

---

1. Ademais, estudos nessa seara já foram feitos no Brasil, notadamente por Paulo Albertini (1994) e Sara Quenzer Matthiesen (2003).

aliança da Igreja com o Estado. Antes de colocar uma máquina tão poderosa nas mãos de um agente tão ambíguo, cumpre examinar bem o que estamos fazendo. Certamente que o governo não deixará de usá-la para reforçar sua imagem, e suas instituições [...] Sua visão como criadores de um sistema de educação não poderá deixar de ser semelhante àquela que adotam como políticos, e os mesmos dados que utilizam para levar adiante a sua atuação de homens de Estado serão utilizados como base para o ensino patrocinado por eles. (Godwin *apud* Woodcock, 1981, p. 248-249)

Essas análises de Godwin inspirariam os anarquistas do século 19 que se ocuparam da educação, fazendo a crítica à educação oferecida no Estado capitalista, que mantinha os trabalhadores submissos. Esses ativistas empenharam-se em criar escolas para as crianças filhas da classe operária, recusando sua relação com o Estado, na medida em que investiam em um projeto social completamente distinto (Gallo, 1995; 2007). Em um texto de Reich de 1950, encontramos um interessante eco de Godwin e dos projetos anarquistas de educação do século 19:

Não podemos de modo algum esperar formar caráteres humanos independentes se a educação está nas mãos de políticos. Não podemos nem ousamos entregar nossas crianças de maneira tão vil. Não podemos dizer às nossas crianças o tipo de mundo que elas devem construir.[2] Mas podemos equipá-las com o tipo de estrutura de caráter e vigor biológico que as tornaria capacitadas a tomar suas próprias decisões, encontrar seus próprios caminhos, cons-

---

2. É interessante assinalar que, em um ensaio da mesma época, Hannah Arendt refletiu à moda de Reich ao afirmar que os adultos não têm o direito de impor às crianças a transformação social e de mundo que desejam realizar; elas, as crianças, é que precisam ter a liberdade de mudar o mundo à sua maneira, como quiserem. Ver Arendt, 1979.

truir seu próprio futuro e o de suas crianças, de modo racional. (Reich, 2013, p. 10)

Esse trecho aqui reproduzido cumpre dupla função. De um lado, conecta Reich com o pensamento educacional libertário, que critica a educação colocada nas mãos do Estado, dos governantes, pelo óbvio motivo de que eles se valerão do acesso privilegiado ao processo formativo das crianças para reforçar e consolidar seus ideais e seus jogos de poder. De outro lado, nos descortina como ele entende poder colaborar com o processo formativo de crianças e jovens: dotando-os de uma estrutura de caráter e de uma capacidade físico-biológica para enfrentar as adversidades e produzir sua vida de modo autônomo. Essa seria a forma de lutar contra as neuroses produzidas pela sociedade capitalista.

No livro *Análise do caráter*, Reich sintetizou sua teoria e sua técnica terapêutica. Fez comentários críticos à técnica psicanalítica freudiana e apresentou sua técnica, denominada análise do caráter, amparada em amplo debate teórico, justificando uma transição da psicanálise para a biofísica. A primeira edição foi publicada em 1933, na Alemanha; em 1945, já vivendo nos Estados Unidos, Reich lançou a segunda edição, revisada para se adequar a uma descoberta feita anos depois da primeira publicação: a da energia que ele chamou de orgônio e que selou sua passagem da psicologia/psicanálise para a biofísica. Mas o que me interessa mais diretamente é que nessa obra já aparece aquela que, a meu ver, é a grande novidade inaugurada por Reich: a articulação do pessoal/individual com o social/coletivo. Se o caráter é individual, ele se articula com o social, possibilitando, assim, uma exploração da materialidade daquilo que se convencionou chamar "ideologia". Já no prefácio da primeira edição da obra, lemos:

> [...] certas estruturas humanas médias derivam de determinadas organizações sociais, ou, para dizer de outro modo, cada organização social produz as estruturas de caráter de que necessita para existir. Na sociedade de classes, a classe governante assegura o seu domínio com o auxílio da educação e da instituição da família, tornando as suas ideologias as ideologias dominantes de todos os membros da sociedade. (Reich, s/da, p. 14)

Essa interação fica ainda mais clara nas linhas adiante:

> [...] portanto, a maneira de viver e a satisfação das necessidades, mas também a chamada superestrutura social, quer dizer, a moral, as leis e as instituições, afetam a natureza instintiva do ser humano; tem de determinar, o mais exatamente possível, os inúmeros laços intermédios através dos quais se processa a transformação da "base material" em "superestrutura ideológica". (p. 15)

E ainda:

> À medida que esta ordem social vai moldando as estruturas psíquicas de todos os membros da sociedade, ela *reproduz-se* nos homens. À medida que isto acontece através da utilização e transformação do aparelho instintivo, que é governado pelas necessidades da libido, também nela se fixa através dos afetos [...] As estruturas caracteriológicas das pessoas de uma época ou de um determinado sistema social não são apenas um espelho deste sistema, mas, o que é significativo, representam a consolidação dele [...] É nesta fixação do caráter da ordem social que se encontra a explicação da tolerância com que as camadas reprimidas da população encaram o domínio de uma camada social superior, que dispõe dos meios do poder, tolerância essa que por

vezes vai ao ponto de defender a repressão autoritária contra os interesses delas próprias, camadas sociais reprimidas. (p. 15-16)

As considerações de Reich são muito próximas daquilo que seria defendido por Félix Guattari meio século mais tarde: "Ao invés de *ideologia*, prefiro falar sempre na *subjetivação*, em *produção de subjetividade*" (Guattari e Rolnik, 1986, p. 25, grifos do autor). Evidentemente, as análises de ambos são muito distintas entre si, mas se aproximam na percepção de uma materialidade corporal daquilo que, desde Marx, se convencionou chamar de ideologia. A força dessas representações reside justamente no fato de que elas estão encarnadas, incorporadas pelos sujeitos, formando aquilo que Reich denominou *caráter* e Guattari chamou de *subjetividade*. Em ambos os casos, o emaranhado entre o individual e o coletivo, o pessoal e o social, é indelével, uma esfera interferindo ativamente na outra.

No mesmo ano de 1933, Reich publicou, na Alemanha, outra obra seminal, que depois também seria revista por completo, adequando-se às transformações de seu pensamento, mas sem perder a verve original. Trata-se de *Psicologia de massas do fascismo*, livro no qual, ainda no calor da hora, ele oferece uma das mais interessantes e agudas análises do fascismo que grassava nos países europeus e redundaria em consequências terríveis para a humanidade. Reich propõe algo então inusitado: uma "psicologia de massas", analisada tendo por base a ideologia como força material e constituidora do caráter dos indivíduos. As múltiplas facetas do fascismo são examinadas de modo arguto: o papel da ideologia autoritária da família, os sentimentos nacionalistas, a teoria da raça, os diversos simbolismos, o misticismo e os aspectos religiosos, a ação dos jogos fascistas sobre a economia da sexualidade e a necessidade de uma política sexual para seu enfrentamento.

Uma vez mais, não se trata aqui de passar em revista a obra, mas sublinho algumas afirmações do autor, dessa vez contidas no prefácio à primeira edição americana do livro, lançada em 1942, no qual Reich (s/db, p. xix) afirma que "é o caráter mecanicista e místico do homem moderno que cria os partidos fascistas, e não vice-versa". Ou seja, os fascismos são uma expressão dos tempos modernos, atravessados por um misticismo e um conservadorismo que levam os humanos a agir de forma autoritária e violenta. Ciente de que tudo aquilo que é revolucionário nas ações humanas, seja no campo da arte, seja no campo da ciência, tem uma proveniência biológica, Reich afirma que cientistas e artistas não têm sido capazes de liderar as massas com base nesse vitalismo. O fascismo, por sua vez, arrebanha as massas porque não age no cerne biológico, mas no nível intermediário das pulsões secundárias. O autor esclarece:

> [...] o fascismo não é mais do que a expressão politicamente organizada da estrutura do caráter do homem médio, uma estrutura que não é o apanágio de determinadas raças ou nações, ou de determinados partidos, mas que é geral e internacional. Neste sentido caracterial, o *"fascismo" é a atitude emocional básica do homem oprimido da civilização autoritária da máquina, com sua maneira mística e mecanicista de encarar a vida.* (Reich, s/db, p. xix, grifos do autor)

Como lemos, o fascismo pode aflorar em qualquer lugar, dadas as condições do mundo moderno, do humano moderno. Em *Mil platôs* (1980), Deleuze e Guattari atualizaram e ampliaram esse pensamento, falando em múltiplos fascismos, além daquele que se instala no Estado: fascismo rural, de cidade, de bairro, de casal, de família, de escola, de repartição, fascismo jovem, de ex-combatente, de esquerda e de direita. Antes mesmo de se instalar no Estado (gerando o fascismo de Estado, o Estado totalitário), o fascismo opera como um regime molecular, na micropolítica, vindo daí sua força. "É uma potência micropolítica ou molecular que torna o fascismo perigoso, porque é um movimento de massa: um corpo canceroso mais do que um organismo totalitário" (Deleuze e Guattari, 1996, p. 92)[3]. A força molecular do fascismo, segundo os filósofos franceses, está no fato de que ele faz o desejo desejar a própria repressão. Isto é, instala-se no nível desejante do humano, algo que Reich havia denominado energia vital, orgástica.

Atitude emocional daquele que se sente oprimido e impotente, "a revolta fascista tem sempre origem na transformação de uma emoção revolucionária em ilusão, pelo medo da verdade" (Reich, s/db, p. xx). A mudança radical da vida e do mundo é vista como ilusória, pois o fascista teme encarar a verdade; e, por esse motivo, só pode assumir uma transformação reacionária, uma volta a um estado anterior, tomado de forma mítica — a realização de uma glória passada que lhe foi "roubada". O fascismo não pode ser desvinculado de sua expressão massiva e massificada:

> Como o fascismo é sempre e em toda parte um movimento apoiado nas massas, revela todas as características e contradições da estrutura do caráter das massas humanas: não é, como geralmente se crê, um movimento exclusivamente reacionário, mas sim um amálgama de sentimentos de *revolta* e ideias sociais reacionárias. (Reich, s/db, p. xx, grifos do autor)

Em outras palavras, não há fascismo sem revolta, sem um sentimento de contrariedade a um dado estado de coisas, mas tal sentimento de revolta é canalizado para perspectivas reacionárias, aquelas alimentadas pelo ser humano mediano, que não consegue

---

3. Para Reich (1985, p. 204), o fascismo de Estado ocorreu na Europa porque "um anseio intenso de liberdade por parte das massas mais o medo à responsabilidade que a liberdade acarreta produzem a mentalidade fascista, quer esse desejo e esse medo se encontrem em um fascista ou em um democrata. Novo no fascismo era que as massas populares asseguraram e complementaram a sua própria submissão. A necessidade de uma autoridade provou que era mais forte que a vontade de ser livre".

afirmar o vitalismo biológico capaz de, efetivamente, produzir transformações revolucionárias. Em suma, "o impulso vital pode existir sem o fascismo, mas o fascismo não pode existir sem o impulso vital. É como um vampiro sugando um corpo vivo, impulso assassino de rédea solta, quando o amor deseja consumar-se na primavera" (Reich, s/db, p. xxiii).

Isso nos leva ao cerne do pensamento de Reich e da terapêutica reichiana. Mesmo tendo transformado radicalmente seu pensamento ao longo da vida, um ponto central permaneceu, embora tenha recebido distintos enfoques analíticos: a questão sexual é fundamental na vida humana; ela é fonte de saúde, mas também de inúmeras patologias, resultantes dos distintos modos de reprimi-la. Por isso Reich desenvolveu o que denominou "economia sexual", a fim de compreender as relações dos seres humanos com sua sexualidade e suas práticas sexuais, e o que denominou "política sexual" — isto é, a frente de ação relativa às lutas pela transformação de como vivenciamos a sexualidade em nossas sociedades. Nesse quadro, o orgasmo, o gozo sexual, sempre tem centralidade e aparece como indicativo de saúde, seja individual, seja coletiva:

> A saúde psíquica depende da potência orgástica, isto é, do ponto até o qual o indivíduo pode entregar-se, e pode experimentar o clímax de excitação no ato sexual natural. Baseia-se na atitude de cunho não neurótico da capacidade do indivíduo para o amor. As enfermidades psíquicas são o resultado de uma perturbação da capacidade natural de amar. No caso da impotência orgástica, de que sofre a esmagadora maioria, ocorre um bloqueio da energia biológica, e esse bloqueio se torna a fonte de ações irracionais. A condição essencial para curar perturbações psíquicas é o restabelecimento da capacidade natural de amar. Depende tanto de condições sociais quanto de condições psíquicas. (Reich, 1985, p. 15-16)

As relações com o social se evidenciam em seguida:

> As enfermidades psíquicas são a consequência do caos sexual da sociedade. Durante milhares de anos, esse caos tem tido a função de sujeitar psiquicamente o homem às condições dominantes de existência e de interiorizar a dinâmica externa da vida. Tem ajudado a efetuar a ancoragem psíquica de uma civilização mecanizada e autoritária, tornado o homem incapaz de agir independentemente.
>
> As energias vitais regulam-se a si mesmas naturalmente, sem qualquer obrigação compulsiva ou moralidade compulsiva — ambas sinais certos da existência de impulsos antissociais. As ações antissociais são a expressão de impulsos secundários. Esses impulsos são produzidos pela supressão da vida natural, e estão em contradição com a sexualidade natural. (p. 16)

O fato, para Reich, é que vivemos em uma sociedade que se afastou (nos afastou) da natureza; já não vivemos de acordo com nossos impulsos naturais, de acordo com aquilo que é biologicamente saudável. Ao contrário, a sociedade capitalista impõe-nos uma série de ritmos "não naturais", aos quais temos de nos adaptar, e fazemos isso à custa de nossa saúde, física e mental[4]. Nas análises reichianas, ele indica que o resultado de tais adaptações forçadas é a formação de uma "couraça muscular", que trava o livre fluxo de energia pelo corpo, gerando tanto os sintomas patológicos físicos quanto os mentais. Por esse motivo, a terapia não pode ser apenas "mental" a "cura pela palavra" preconizada por Freud, pois é necessário intervir no corpo do paciente, agir contra o encouraçamento muscular, a fim de produzir mudanças

---

4. Em seus escritos de juventude, ainda no começo da década de 1920, unindo militância comunista e psicanálise, Reich preconizava que a revolução social era condição prévia e necessária para a libertação sexual (e, em consequência, a saúde física e mental). Nesse contexto, escreveu que "se o problema sexual da juventude não tem solução no capitalismo, devemos poder provar à massa dos jovens que o socialismo pode resolver esse problema" (Reich, 1975, p. 153).

caracterológicas[5]. E, como vimos, a formação dessa couraça tem consequências tanto nos indivíduos quanto na sociedade. Recorro uma vez mais às palavras de Reich (1982a, p. xi): "A crise social em que estamos vivendo se deve basicamente à inabilidade das pessoas em geral para governar suas próprias vidas. A partir dessa incapacidade, ditaduras cruéis se desenvolveram nos últimos trinta anos, sem quaisquer objetivos racionais ou sociais".

Ainda que Reich esteja se referindo às ditaduras da primeira metade do século 20, não restam dúvidas de que sua análise é facilmente extensível para o que se viveu depois, da segunda metade do século passado até nossos dias. Continuamos incapazes de gerir nossa vida, acumulando patologias e esperando irracionalmente por "salvadores" que possam reequilibrar as coisas. Os resultados disso são conhecidos. Os fascismos e os fascistas estão sempre à espreita, aguardando brechas e acontecimentos que permitam a eles juntar multidões em defesa de um autoritarismo radical, apelando para a segurança em detrimento da liberdade.

Como se sabe, o processo de construção da couraça começa muito cedo, nas crianças bem pequenas, e família e escola desempenham papéis importantes nesse processo. A repressão à sexualidade infantil, que passa por sua absoluta negação[6], é a origem da couraça. Assim que as crianças começam a sentir prazer, a descobrir o corpo como fonte de prazer, isso é reprimido, muitas vezes de forma violenta. Para Reich (1982c, p. 303), ao contrário, "a nova ordenação da vida sexual tem que começar pela educação da criança". No livro *A revolução sexual*, ele aborda como se poderia começar a trabalhar com

---

5. Essa linha do pensamento de Reich influenciou diretamente o médico anarquista brasileiro Roberto Freire na criação da somaterapia. Da obra múltipla, bela e intensa de Freire, composta por romances, música, ensaios e uma autobiografia, sugiro ao menos a leitura dos volumes nos quais ele apresenta a soma (Freire, 1988, 1991).
6. Aqui temos um paradoxo interessante. Se, de fato, a sexualidade da criança inexistisse, como querem os conservadores, ela não precisaria ser reprimida; o fato de haver uma repressão intensa dessas manifestações indica que ela existe, ainda que os discursos a neguem.

bebês para produzir o que denomina uma "reestruturação não autoritária" e cita experiências realizadas na União Soviética nesse sentido. Aponta para a necessidade de preparar os educadores para essa ação, visto que "uma educação sexual econômica da criança pequena é impossível enquanto os educadores não estiverem livres de impulsos irracionais ou pelo menos não os conhecerem e os dominarem. Isso se mostra imediatamente quando se presta atenção ao conteúdo concreto dessa educação" (Reich, 1982c, p. 285).

Para o educador das crianças, trata-se de ser capaz de ir contra a própria formação, para que possa oportunizar a elas outro tipo de educação, no qual tabus sejam superados e dissolvidos, de modo que o crescimento aconteça de forma saudável. Sem uma clara postura afirmadora da vida por parte do educador, uma educação sexual das crianças que rompa com a ordem conservadora e reacionária é inviável.

> Quando o educador se dispõe a enfrentar as tarefas que lhe apresenta a educação da criança em desenvolvimento, dificilmente um outro setor encontrará questões tão difíceis como no da educação sexual. É verdade que ela não pode ser separada da educação em geral, mas colateralmente apresenta suas dificuldades especiais. O próprio educador deve ter tido educação sexual negativa; casa paterna, escola, igreja e todo o meio ambiente conservador o imbuíram de conceitos sexualmente negativos; estes entram em choque com seus próprios pontos de vista afirmativos da vida. Apesar disso, ele tem de se libertar da visão reacionária, se quiser educar positivamente e não hostilmente à vida, tem de formar sua própria conceituação fundamental e impô-la na educação das crianças. (Reich, 1982c, p. 290)

Esse alerta de Reich, embora lançado muitas décadas atrás, é mais atual do que nunca neste momento de escalada do neoconservadorismo. Se o tema da educação sexual das crianças é sempre polêmico, mesmo em tempos de maior abertura democrática, em situações de conservadorismo disseminado ele se torna um ponto central e crucial nesses discursos, atravessando as ações de atores sociais que procuram manter suas concepções de mundo.

Em um libelo escrito em 1946, dirigido ao ser humano médio[7] (no Brasil, atualmente seriam os chamados "cidadãos de bem"), Reich fez eco a outro texto político bem mais antigo, escrito por Étienne de La Boétie no século 16, o *Discurso da servidão voluntária*. Se o jovem francês dizia aos súditos que eram eles que sustentavam o tirano, bastando que decidissem não mais servir para serem livres (La Boétie, 1982, p. 16), Reich, 400 anos depois, ecoa: "Ergueste tu próprio os teus tiranos, e és tu quem os alimenta, apesar de terem arrancado as máscaras, ou talvez por isso mesmo" (Reich, 1982b, p. 28). A conclusão dessa constatação só pode ser uma: "A verdade diz que mais ninguém senão tu é culpado da tua escravatura [...] só tu podes libertar-te" (p. 24).

Essa posição indica a postura de Reich, tanto em relação à terapia quanto à educação: cada indivíduo pode decidir libertar-se, escolhendo o processo terapêutico para desarmar a couraça muscular e viver de modo livre e feliz, mas sem ignorar que é preciso também agir pela transformação social, visto que é o tipo de sociedade em que vivemos que produz o encouraçamento — e, para isso, o processo educativo é importante. A ação terapêutica precisa ser pedagógica, e vice-versa. Apenas assim uma transformação de si e do social é possível. Não há cura sem uma intervenção educativa em si mesmo; não há transformação social sem a decisão coletiva de mudança de valores e de estilos de vida. A liberdade tem um "preço", e ele é alto; mas está em nossas mãos essa conquista.

---

7. No Brasil, o texto recebeu o título *Escuta, zé-ninguém!* (Reich, 1982b), denominando assim esse ser humano que pode ser qualquer um de nós e, quem sabe, todos nós.

Chegamos ao fim desta breve exploração interessada do pensamento de Reich em diálogo com o campo da educação. Penso que os trechos escolhidos e os comentários desenvolvidos evidenciam a preocupação de Reich com os processos educativos, mas não com uma educação qualquer; o que encontramos em seus trabalhos é uma educação comprometida com a liberdade e com a afirmação da vida, contrariando os processos educativos instituídos nas sociedades capitalistas modernas, que produzem — ou ao menos perpetuam — a doença da negação da vida e da liberdade. A obra de Reich é fonte de um conjunto de críticas seminais a como educamos e que processos essa educação reforça ou impede. Mas é também fonte de possíveis inspirações, das quais educadores interessados em romper com esses processos podem se nutrir.

Reich não foi um entusiasta da educação escolarizada; ao contrário, a escola, para ele, sempre apareceu como uma garantidora da manutenção do estado de coisas. Quando acompanhou intentos de uma educação infantil transformadora na então União Soviética, tratou de apontar os contrassensos que muitas vezes apareciam, revelando o caráter conservador de uma educação que se pretendia revolucionária. Uma educação transformadora parece estar para ele muito mais nos processos terapêuticos do que nos escolares; é o que se vê, por exemplo, no livro *Crianças do futuro* (Reich, 1987), no qual relata as ações de seu instituto no começo da década de 1950. Talvez uma nova escola, sadia e saudável, só possa existir em uma nova sociedade, por si mesma sadia e saudável. Mas, para que uma sociedade assim se torne realidade um dia, uma educação libertária, como processo de ação transformadora sobre si mesma, é urgente e necessária.

Referências

ALBERTINI, Paulo. *Reich — História das ideias e formulações para a educação*. São Paulo: Ágora, 1994.

ARENDT, Hannah. "A crise na educação". In: *Entre o passado e o futuro*. 2. ed. São Paulo: Perspectiva, 1979, p. 221-247.

DELEUZE, Gilles; GUATTARI, Félix. *Mille plateaux*. Paris: Éditions du Minuit, 1980.

_____. "1933 — Micropolítica e segmentaridade". *Mil platôs*. Rio de Janeiro: Editora 34, 1996, p. 83-115. v. 3.

GALLO, Silvio. *Pedagogia do risco — Experiências anarquistas em educação*. Campinas: Papirus, 1995.

_____. *Pedagogia libertária — Anarquistas, anarquismos e educação*. São Paulo: Imaginário/Manaus: EdUA, 2007.

GUATTARI, Félix; ROLNIK, Suely. *Micropolítica — Cartografias do desejo*. Petrópolis: Vozes, 1986.

FREIRE, Roberto. *Soma, uma terapia anarquista — A alma é o corpo*. 2. ed. Rio de Janeiro, Guanabara: 1988. v. 1.

_____. *Soma, uma terapia anarquista —A arma é o corpo*. Rio de Janeiro: Guanabara Koogan, 1991. v. 2.

LA BOÉTIE, Étienne de. *Discurso da servidão voluntária*. São Paulo: Brasiliense, 1982.

MATTHIESEN, Sara Quenzer. *A educação em Wilhelm Reich — Da psicanálise à pedagogia econômico-sexual*. São Paulo: Editora da Unesp, 2003.

REICH, W. *Análise do caráter*. São Paulo: Martins Fontes, s/da.

_____. *Psicologia de massas do fascismo*. São Paulo: Martins Fontes, s/db.

_____. *Psicopatologia e sociologia da vida sexual*. São Paulo: Martins Fontes, s/dc.

_____. *O combate sexual da juventude — Textos marginais*. Porto: Dinalivro, 1975.

_____. *O assassinato de Cristo*. 10. ed. São Paulo: Martins Fontes, 1982a.

_____. *Escuta, zé-ninguém!* 10. ed. São Paulo: Martins Fontes, 1982b.

_____. *A revolução sexual*. 8. ed. Rio de Janeiro: Zahar, 1982c.

_____. *A função do orgasmo*. 11. ed. São Paulo: Brasiliense, 1985.

_____. *Children of the future — On prevention of sexual pathology*. Nova York: Farrar, Straus and Giroux, 1987.

WOODCOCK, George. *Os grandes escritos anarquistas*. Porto Alegre: L&PM, 1981.

10. Revolução e moral sexual: dissidência e lutas libertárias a partir dos escritos de Reich

ACÁCIO AUGUSTO

> *Não se trata de negar a miséria sexual, mas também não se trata de explicá-la negativamente por uma repressão. O problema está em apreender quais são os mecanismos positivos que, produzindo a sexualidade desta ou daquela maneira, acarretam efeitos de miséria.*
>
> Michel Foucault, "Não ao sexo rei", 1978

Hoje, os efeitos de controles derivados do final da Segunda Guerra Mundial parecem consolidados: a centralidade das políticas de segurança, a generalização dos controles computo-informacionais e as reformas voltadas para mitigar os efeitos da degradação do meio ambiente, amalgamados pelo consenso democrático global, operam a gestão planetária. Vivemos sob o governo dos viventes no planeta e um governo do planeta, denominado ecopolítica (Passetti *et al.*, 2019). Esses controles a céu aberto do pós-guerra emergiram a partir das metamorfoses sofridas pelas formas disciplinares (Foucault, 2002) e de mudanças no poder biopolítico (Foucault, 1988), tal como essas tecnologias de poder foram descritas por Michel Foucault nos anos 1970.

Porém, entre o final da Segunda Guerra Mundial e nosso tempo presente houve um acontecimento que marcou essas transformações: *1968*. Não cabe aqui uma exegese histórico-sociológica das lutas e das mudanças produzidas em todo o planeta, em cada canto com sua especificidade, pelo *acontecimento 1968*, nem mesmo retomá-lo como acontecimento, como muitos já fizeram. Ele interessa aqui para marcar duas referências bem específicas sobre a relação entre revolução e liberação sexual. A primeira diz respeito ao fato de ele ser o abalo sísmico entre o esgotamento das tecnologias disciplinares e biopolíticas e as formas contemporâneas das tecnologias da sociedade de controle ou da racionalidade neoliberal. Foram as lutas estudantis, operárias, das mulheres e das minorias daquela época que expuseram o estado de crise no qual se encontravam os meios de confinamento. A multiplicidade de lutas sociais e as formas que elas tomavam eram um sinal claro de que algo novo estava se formando e se apresentava como o esgotamento de velhas tecnologias políticas de governo e o anúncio de suas novas formas. A revolta intempestiva produziu abalos, mas as reações a essa revolta geraram acomodações e redimensionamentos.

Como constata Gilles Deleuze, foram as lutas dos anos 1960 que expuseram (e anteciparam) como nos encontrávamos

> numa crise generalizada de todos os meios de confinamento, prisão, hospital, fábrica, escola, família. A família é um "interior", em crise como qualquer outro interior escolar, profissional etc. [...] Reformar a escola, reformar a indústria, o hospital, o exército, a prisão; mas todos sabem que essas instituições estão condenadas, num prazo mais ou menos longo. (Deleuze, 2000, p. 220)

Diante da constatação desse estado geral de crise, podemos observar que hoje não se trata mais de gerir sua agonia e ocupar as pessoas; as novas forças do controle se instalaram tal como se descreveu no primeiro parágrafo deste escrito. A crise não é mais um momento de acomodação das forças, mas a própria forma do governo delas.

A segunda referência específica a 1968 diz respeito mais diretamente ao assunto deste texto: a emergência de um estado de contestação geral em torno da moral sexual e uma aposta na liberação sexual como força revolucionária, presente sobretudo entre os jovens dos anos 1960. A revolta também redimensionou a ideia de revolução. Naquele momento, há um forte elo entre questionamento da sociedade burguesa, liberação sexual e revolução social. Esse clima de contestação em torno da sexualidade e das práticas sexuais, expresso em obras de autores como Hebert Marcuse e Simone de Beauvoir, impulsiona o interesse renovado pela obra Wilhelm Reich. Estabeleceu-se um discurso que vinculava liberação sexual e revolução — não apenas relacionando a crítica aos modelos de sexualidade e família a um discurso revolucionário, mas condicionando a revolução social a uma revolução sexual. Desse modo, a atividade militante e o comportamento amoroso deveriam estar relacionados. Disso derivam *slogans* e palavra de ordem que anunciam os efeitos subversivos do prazer e o conteúdo revolucionário do desejo livre de limites e interditos. Essa era uma aposta mais ou menos geral presente no discurso revolucionário da época, fosse entre as pessoas, fosse entre organizações políticas e/ou intelectuais contestadores.

O discurso que relaciona sexo, prazer, desejo, sexualidade e revolução encontrou uma forma mais acabada e desenvolvida na obra do sociólogo, historiador e sexólogo Daniel Guérin. Além de ter escrito diretamente sobre a revolução sexual, Guérin empenhou-se em produzir uma síntese, um tanto pacificadora, entre marxismo e anarquismo. Como historiador, interessou-se pela Revolução Francesa, pela Comuna de Paris e pela Revolução Espanhola. Como sociólogo e politólogo, investiu fortemente contra os totalitarismos, à esquerda e à direita, realizando pesquisas sobre a relação entre fascismo e capital. Além disso, foi um opositor de primeira hora da experiência autoritária da União Soviética.

Diferentemente de uma certa crítica que circulará entre a esquerda europeia ao socialismo russo apenas depois de reveladas as perseguições de Joseph Stalin, Guérin via, na obra de maturidade de Karl Marx e na ação e nos escritos de Lenin e Trotsky, os germes do autoritarismo que produziram o totalitarismo soviético, com seus expurgos e seus campos de concentração para onde eram enviados os categorizados como inimigos da classe. Segundo Guérin, o mote revolucionário de Lenin, "todo poder aos sovietes", produziu a centralização que matou o caráter libertário da Revolução Russa iniciada em 1905, com seus conselhos operários locais e suas ações contra a guerra e contra o domínio czarista. Esse mote, para Guérin, pavimentaria o caminho para que Stalin produzisse seu socialismo nacionalista. Ao contrário de um certo discurso crítico de esquerda, ele não via em Stalin um desvio, mas uma consequência lógica do caminho que tomou a revolução a partir de outubro de 1917 sob a liderança de Lenin. Nesse ponto, sua crítica ecoava as análises anarquistas contra o socialismo autoritário produzidas muito antes do triunfo da revolução na Rússia.

Essa atitude crítica de Guérin diante da esquerda francesa e das experiências do socialismo autoritário deriva de seu interesse pelos textos anarquistas, em especial pelos escritos de Mikail Bakunin e as polêmicas que este sustentou contra Marx e Engels no seio da Primeira Associação Internacional dos Trabalhadores (AIT), criada em 1864. Esse interesse leva Guérin a escrever um livro que até hoje é apontado como referência para introduzir as ideias e as práticas anarquistas: *O anarquismo — Da doutrina à ação*, publicado originalmente em 1965. Em pouco tempo, ele ganhou uma tradução no Brasil, editada por Roberto das Neves e lançada por sua Editora Germinal em setembro de 1968. O lançamento foi feito durante um curso sobre história do anarquismo (ver Ferrua, 2009), realizado no Rio de Janeiro, em plena ditadura civil-militar instaurada pelo Golpe de 1964 — alguns meses antes da promulgação do Ato Institucional n. 5, que fecharia de vez o regime (Ferrua, 2003). Um ano depois, 16 anarquistas foram presos no Rio de Janeiro devido à realização desse curso, que também levou o músico anarquista Jonh Cage a ser fichado pela polícia.

Na edição brasileira do livro de Guérin, Pietro Ferrua, diretor-fundador do Centro Internacional de Pesquisas sobre o Anarquismo (Cipa), escreve um prefácio que recupera dados biográficos de Guérin. Ele relata que, depois de abandonar o seio de uma família burguesa e se interessar pelas letras, sobretudo por literatura e poesia, o anarquista viveu uma juventude aventurosa. Em seguida, Ferrua (1968, p. 5-6) o descreve desta maneira:

> Daniel Guérin abraça todas as causas dos humildes e perseguidos, sejam eles os negros americanos ou os argelinos lutando por sua independência, nos anos 1950, e de novo, nos últimos anos, após o golpe militarista; condena o colonialismo; assina o famoso "Manifesto dos 121", funda o "Mouvement Laïque des Auberges"; é secretário sindical e participa de todas as lutas políticas da es-

querda francesa, dentro e fora do país, com verdadeiro espírito universalista.

Como anota Ferrua ao final do prefácio, o livro de Guérin sobre a história do anarquismo busca confrontar as concepções autoritárias (marxistas) e libertárias (anarquistas) de socialismo. No entanto, o autor buscava, por meio desse confronto, conciliar as duas formas históricas de socialismo, fundindo-as no que seria uma forma revolucionária da segunda metade do século 20. Ele seguia uma tendência de muitos socialistas revolucionários da época, que, após o desencanto com os rumos da Revolução Russa, viam o futuro da revolução mais ligado às ideias libertárias.

Seu interesse pelos escritos e posições de Bakunin e sua ojeriza ao leninismo e ao trotskismo o levaram a tentear salvar a crítica econômica de Marx, associando a ela a posição antipolítica de Bakunin (Augusto, 2014). Tal associação entre crítica política bakuninista e crítica econômica marxista não foi exclusividade de Guérin. O curioso, nessa empreitada do autor francês, é notar como um crítico da sexualidade burguesa e, portanto, de seu modelo histórico de família, usará uma imagem familiar para definir sua empreitada conciliadora. Ele defenderá que anarquismo e marxismo, derivados das lutas que fizeram a Revolução Francesa no final do século 18, são primos brigados que precisam encontrar uma síntese revolucionária e uma conciliação familiar para salvar, no século 20, a ideia de revolução e a proposta socialista de uma nova sociedade livre e igualitária.

E aqui retorno ao tema deste breve escrito. Para além de uma discutível síntese entre marxismo e anarquismo, o interesse de Guérin em uma revolução sexual não pode ser creditado apenas a fatores biográficos ou tomado como elemento acessório de sua ideia de revolução. Embora ele fosse abertamente bissexual e tivesse se engajado na luta dos então chamados homossexuais, produzindo intersecções dessa luta com outras — como o antirracismo emergente entre os negros estadunidenses na época —, foi por certo a leitura dos anarquistas que o levou ao principal argumento de seu livro sobre a revolução sexual dos anos 1960: não existe revolução social sem mudança radical dos costumes. Nesse sentido, mudar nossa forma de viver e amar, de nos relacionarmos com as outras pessoas, é tão revolucionário quanto organizar conselhos de fábricas, descentralizar o poder e distribuir a riqueza de forma igualitária.

Não é coincidência que seu livro sobre anarquismo tenha sido publicado na França em 1965 e logo lançado no Brasil, exatamente em 1968. Como ele anota no prefácio ao seu livro *Um ensaio sobre a revolução após Reich e Kinsey*, editado em 1969 na França e publicado no Brasil só em 1980, quando a ditadura civil-militar já havia iniciado sua abertura "lenta, gradual e segura": "O erotismo é um dos instrumentos da liberdade" (p. 7). Trata-se de uma coletânea de pequenos textos, ensaios temáticos e biográficos e transcrições de palestras que começa com uma homenagem a Reich. No texto que abre o livro, além de ver no erotismo um instrumento para a liberdade, ele volta sua crítica tanto para o puritanismo burguês quanto para os que ele chama de "puristas da revolução social". Toma o "amor livre" como uma conquista importante para resistir à "vida moderna, dominada pela máquina, pelo domínio crescente da estatização totalitária, da polícia e da corrida de armamentos atômicos, [que] tende a uma aniquilação progressiva do indivíduo pela comunidade" (*ibidem*). Guérin elaborou a qualidade libertária do erotismo em termos de um direito individual; argumentava que, "em uma sociedade organizada demais, planejada demais, mecanizada demais, disciplinada demais, a liberdade de cada um de nós de trepar à vontade é um dos últimos direitos, uma das últimas fantasias de que dispomos" (p. 8). A revolução sexual, para ele, além do claro elo com as práticas anarquistas, mesmo que elaborada em termos de direito, não era a revolução a ser encontrada no futuro: era para aqui e agora, e uma resistência à mecanização e à burocratização da vida, fosse em países socialistas ou capitalistas. Fica evidente em seu livro que a revolução sexual, no final dos anos 1960, estava em curso e em pleno crescimento.

Essa crítica dupla, à sociedade burguesa e à esquerda estatista, não é algo que Guérin elabora de modo abstrato: ele a vê emergir precisamente no encontro entre as lutas do maio de 1968 francês e a leitura de Reich. Como dirá em uma conferência realizada em Bruxelas, em novembro de 1968,

> como todos sabem, Wilhelm Reich é lido avidamente pela juventude escolar e estudantil, antes e depois de maio de 1968. No ano passado, a divulgação de *La lutte sexuelle des jeunes* chegou até mesmo a ser proibida pelos diretores de certos liceus. A batalha contra a segregação dos sexos na residência universitária de Nanterre deu-se sob a bandeira de Wilhelm Reich. (Guérin, 1980, p. 14)

E esse interesse por Reich se dá pelo que foi exposto antes: a confluência entre uma crítica social de matriz marxista e uma leitura crítica da descoberta de Freud dos efeitos civilizatórios da repressão sexual. Guérin destaca que a importância da obra de Freud está em reconhecer a moral sexual que vigorava nas sociedades ocidentais modernas e que as neuroses seriam doenças da sexualidade produzidas por uma moral sexual excessivamente repressiva. "Reich declara que Freud foi o primeiro a fazer a sexualidade passar da entrada de serviço, onde ela vivia há milhares de anos uma existência sórdida, malsã e purulenta, para a fachada de nosso edifício social, exibindo-se à luz do dia" (p. 30). Em síntese, o que absorve de Reich é a leitura crítica de que o "mal-estar da civilização" deve ser superado pela assunção de uma nova moral sexual, mais livre e, por isso, menos repressiva.

Não cabe retomar todo o debate feito por Guérin sobre as críticas e revisões à obra de Freud levada a cabo por Reich nem suas propostas para outra teoria psicanalítica. Também não é objetivo deste breve escrito retomar as críticas e atualizações que Guérin faz ao próprio Reich, sobretudo no que diz respeito às ideias deste sobre a miséria sexual que vivia a juventude alemã dos anos 1930 e a sua tese racista de que a homossexualidade era uma patologia derivada da repressão sexual burguesa. O que interessa sublinhar aqui é como Guérin, ao ler criticamente a obra de Reich, relacioná--la com o libertarismo dos estudantes de maio de 1968 e atualizá-la a partir da leitura de autores como Erich Fromm e Marcuse, funda uma concepção de revolução sexual que deriva de uma conduta dissidente. Admite-se a importância da descoberta de Freud, se reconhece a centralidade da repressão sexual — e o fato de que a reação a ela levaria a uma mudança social mais ampla —, mas a sexualidade continua sendo o segredo a ser desvelado sobre o comportamento humano. E esse é o ponto que nos leva aos dias de hoje e à problematização da relação entre revolução e moral sexual.

Esse arranjo dissidente fica mais claro quando Guérin passa a comentar o Relatório Kinsey. Trata-se de uma empreitada de pesquisa ambiciosa, realizada no final dos 1940, seguindo as metodologias de psicologia comportamental em voga nos Estados Unidos, que aplicou a um amplo público um questionário sobre comportamento sexual. Nos Estados Unidos saídos da Segunda Guerra Mundial (o livro é publicado exatamente em 1948), o principal escândalo foi identificar, por um princípio de regularidade das respostas, uma tendência geral ao comportamento bissexual nas pessoas entrevistadas. A isso se atribui o sucesso e o escândalo do livro. Esse sucesso-escândalo teve certo efeito duradouro, já que em 2004 a história foi transformada em filme, também de relativo sucesso, pela produtora conversadora estadunidense Fox. O filme, que foi lançado em português com o nome *Kinsey — Vamos falar de sexo*, é dirigido por Bill Condon, um nova-yorkino de formação jesuíta que cursou filosofia em Columbia. A película narra menos o livro e mais a saga do próprio Albert Kinsey no processo de pesquisa, destacando as descobertas que faz dele próprio durante a aplicação dos questionários junto a seu assistente de pesquisa.

Para Guérin, o que interessa no livro, mesmo levantando restrições à psicologia comportamental, é

> o fato de que as observações e as estatísticas de Kinsey possuem, em larga medida, um valor universal e que nos ajudam a compreender a sexualidade humana, senão em sua generalidade, pelo menos nas sociedades fundamentadas no patriarcado e de afiliação espiritual judaico-cristã, independentemente do meio e da época.

Diz isso para afastar as críticas, que julga rasas, sobre a pesquisa ser apenas uma espécie de sondagem opinativa sobre o sexo e sobre como as pessoas viam a própria sexualidade. Mas o cerne do exame crítico de Guérin do relatório, que ocupa a maior parte de seu livro, é que ele "oferece-nos o esboço de uma nova teoria da sexualidade" (Guérin, 1980, p. 27). Guérin expõe e baliza as críticas teóricas e metodológicas ao empreendimento de sondagem de Kinsey para ver, nessa pesquisa do psicólogo estadunidense, o esboço de uma teoria que sustentaria uma nova moral sexual e um novo discurso sobre a sexualidade.

E aqui se chega ao cerne da relação entre dissidência e revolução (sexual e social). Ao ver em Freud um esforço de arrancar o sexo das sombras a que a moral burguesa o havia condenado, e em Reich a dissidência necessária ao projeto de Freud que animaria uma revolução sexual da juventude, Guérin chega finalmente ao experimento científico estadunidense — esse deslocamento de Paris a Nova York é significativo — que o levaria à libertação por meio de uma teoria da sexualidade. Ao questionar a moral sexual burguesa, ele empreende uma revolução que estabelece uma nova moral sexual, que nos parece muito mais afeita aos controles a céu aberto e ao prazer sexual como um direito do que aos experimentos de liberação e usos dos prazeres dos jovens nos anos 1960.

Como ignorar, nesse movimento de Guérin, o deslocamento que Foucault havia anotado, em 1976, na conclusão de seu volume da *História da sexualidade* (1988, p. 149)?

> acreditaram que Freud restituía enfim, ao sexo, por uma reversão súbita, a parte que lhe era devida e que lhe fora contestada por tanto tempo; não viram que o gênio bom de Freud o colocara em um dos pontos decisivos, marcado desde o século 18, pelas estratégias de saber e de poder; e que, com isso, ele relançava com admirável eficácia, dignas dos maiores espirituais e diretores da época clássica, a injunção secular de conhecer o sexo e colocá-lo em discurso.

Alguém poderá dizer, com certa razão, que para chegar a essa relação entre a revolução sexual de Guérin-Reich e o dispositivo da sexualidade de Foucault seria necessário mais detalhamento. Porém, é quase impossível não ver na empreitada de Guérin o que, conclusivamente, Foucault chamará *ironia do dispositivo* ao ver no combate à repressão sexual a nossa liberação. No esforço para produzir um saber libertador sobre a sexualidade nas sociedades burguesas, acabam-se por produzir recursos discursivos que garantem a continuidade do controle sobre o sexo, cada vez menos por suas características repressivas e, como notara Foucault, por sua positividade. Isso não altera o que caracteriza o dispositivo da sexualidade — a saber, encontrar a verdade sobre o sujeito nas formas como este faz uso dos prazeres: a maneira como você goza diz quem você é.

Para os interesses específicos deste texto, importa anotar que, apesar de seu interesse e proximidade com a anarquia e os anarquismos, Guérin mostra, com sua teoria da sexualidade, que permanece fundamentalmente um marxista, como ele sempre fez questão de frisar — ou seja, a pacificação dos primos brigados implica a sujeição teórica ao primo autoritário. Para isso, basta ver como o tema do amor livre se coloca para os anarquistas, ainda que o próprio Guérin tenha descrito Proudhon como reprimido sexual para explicar sua evidente misoginia.

Para além de Proudhon, vejamos como isso aparece para anarquistas como Émile Armand (2007) e seu conceito de *camaradagem amorosa* como amor livre. Primeiro, trata-se de uma prática amorosa que não respeita nenhuma instituição formal ou informal. Um amor que não se dobra à moral, seja ela laica ou espiritual.

Segundo Armand, não estava em jogo uma nova teoria da sexualidade, tampouco uma nova moral sexual. O anarquista francês do começo do século 20 buscava uma prática amorosa que lidasse com os diversos temperamentos amorosos: monogâmicas, poligâmicas etc. É a associação amorosa livre que ele chama de *camaradagem*, não uma forma específica de prazer ou de gestão do desejo. O único interdito nessas relações seria a violência. Esta deveria ser banida dos relacionamentos amorosos, e a violência que subjugasse qualquer parte não seria tolerada. Entenda-se por violência os jogos emocionais e as chantagens, que nem sempre são apenas físicas, mas se instalam como submissão de uma parte a outra e vice-versa. O amor livre não propõe um modelo, tampouco se apresenta como modulação, nem assume a forma do contrato social burguês. Também não promete uma libertação final, nem se presta a servir de modelo revolucionário ou etapa da transformação social.

É a partir dessa ideia de amor livre anarquista como camaradagem amorosa que chegamos a um eco libertário da obra de Reich, desvinculado de um projeto revolucionário que busca fundar uma nova moral sexual. Esse eco pode ser encontrado no trabalho de João da Mata, especialmente no que ele denomina *erotização do cotidiano*. Ao ler a radical dissidência de Reich perante o trabalho de Freud de uma perspectiva anarquista, e preocupado em elaborar referências às práticas terapêuticas libertárias da soma de Roberto Freire, João da Mata desloca o erotismo da centralidade do ato sexual. Primeiro, ataca a forma atual como vemos o erotismo: "Vivemos o erotismo hoje em termos de consciência. Ou seja, o erotismo foi limitado ao relacionamento sexual. Daí se supõe que o erotismo só serve para a prática do sexo. Esse esvaziamento do erotismo o leva a ser apenas um instrumento para a efetivação do ato sexual" (Mata, 2020, p. 89). Disso se depreende que, ainda que haja acordo com o caráter libertário do erotismo, como vimos em Guérin, ele não deve estar vinculado unicamente ao ato sexual, ao discurso da sexualidade, pois

> erotismo e sensualidade, apesar de quase sempre estarem relacionados ao ato sexual, estão também para além dele. Uma existência sensualizada diz respeito ao mundo das sensações, que percorre o corpo afetado pelos sentidos. Assim, é possível sentir uma certa dose de sensualidade no ato de comer uma boa comida, de escutar uma música, de contemplar a beleza. Ou seja, a sensualidade está relacionada a todo prazer que afeta o corpo. (p. 89-90)

Pela camaradagem amorosa e pela erotização do cotidiano, como proposições propriamente anarquistas e desvinculadas de um projeto dissidente e revolucionário, temos um uso libertário dos prazeres que, mesmo partindo de Reich como em João da Mata, se faz liberado de uma moral sexual e de uma teoria da sexualidade.

Hoje, para os anarquistas, é preciso, ao contrário de Guérin, tirar o erotismo do trono, esse lugar privilegiado relacionado ao sexo. É preciso erotizar a sua relação com seu companheiro e companheira de militância, com seu amigo e sua amiga, com o modo como fazemos as coisas mais imediatas. Pois, a partir do momento em que o erotismo orienta as práticas cotidianas da vida, essa vida se torna menos disposta à servidão e à busca de orientação de quem quer que seja — pastor, terapeuta ou moral dominante.

Vivemos em um mundo em que o sexo é supostamente liberado. Há uma hipertrofia do discurso sobre sexo e sexualidade que nos rouba a liberdade de vivê-los como experiências livres. É preciso seguir o padrão dos clipes musicais, estando os corpos dispostos como produtos de consumo. O sexo está ajustado aos controles, ao mundo das redes sociais, à racionalidade neoliberal. Hoje, longe da moral burguesa vitoriana (ou nela de maneira redimensionada), o discurso sobre o sexo se apoia na performance propagandeada por *coachs*, terapeutas e *OnlyFans* das redes sociais digitais, de acordo com os controles e os monitoramentos a céu aberto.

A vida livre anarquista vê o prazer no aqui e no agora. Trata-se da expressão da revolta que se afirma como experimentação, para além do dispositivo de sexualidade.

Referências

ARMAND, Émile. *El anarquismo individualista — Lo que es, puede y vale*. La Plata: Terramar, 2007.

AUGUSTO, Acácio. "Revolta e antipolítica em Bakunin". *Verve*, São Paulo, v. 26, p. 153-173, 2014.

DELEUZE, Gilles. "*Post-scriptum* sobre as sociedades de controle". In: *Conversações*. Tradução de Peter Pál Pelbart. Rio de Janeiro: Editora 34, 2000, p. 220.

FERRUA, Pietro. "Daniel Guérin — O homem, o militante, o escritor". In: GUÉRIN, Daniel. *O anarquismo — Da doutrina à ação*. Tradução de Manuel Pedroso. Rio de Janeiro: Germinal, 1968, p. 5-6.

FERRUA, Pietro. "A breve existência da seção brasileira do Centro Internacional de Pesquisas sobre o Anarquismo [parte 1]". *Verve*, São Paulo, v. 15, p. 130-198, 2009.

_____. "John Cage — Um anarquista fichado no Brasil". Tradução de Carolina Besse e Thiago Rodrigues. *Verve*, São Paulo, v. 4, p. 20-31, 2003.

FOUCAULT, Michel. "Não ao sexo rei". In: *Microfísica do poder*. Rio de Janeiro: Graal, 1978, p. 127-137.

_____. *Vigiar e punir*. Tradução de Raquel Ramalhete. Petrópolis: Vozes, 2002.

_____. *História da sexualidade — A vontade de saber*. Tradução de Maria Thereza da Costa Albuquerque e José Augusto Guilhon Albuquerque. Rio de Janeiro: Graal, 1988. v. I.

GUÉRIN, Daniel. *O anarquismo — Da doutrina à ação*. Rio de Janeiro: Germinal, 1968.

_____. *Um ensaio sobre a revolução sexual após Reich e Kinsey*. Tradução de Carlos Eugênio. São Paulo: Brasiliense, 1980.

MATA, João da. *Introdução à soma — Terapia e pedagogia anarquista do corpo*. São Paulo: Hedra; Rio de Janeiro: Circuito, 2020.

PASSETTI, Edson et al. *Ecopolítica*. São Paulo: Hedra, 2019.

11. Contribuições da economia sexual reichiana para as filosofias

JOSÉ VICENTE CARNERO

Por certo, há muitas contribuições do campo da filosofia no pensamento de Wilhelm Reich. Afinal, no início do primeiro capítulo de *A função do orgasmo*, ele afirma: "Antes de me tornar membro da Sociedade Psicanalítica de Viena, em outubro de 1920, eu adquirira extenso conhecimento no campo da sexologia e da psicologia, e também no campo da ciência natural e da *filosofia natural*" (Reich, 1988,

p. 27, grifos meus). No entanto, podemos inverter a pergunta: de que maneira o pensamento reichiano contribui para as filosofias? Acredito que Reich (2003, p. 5, grifos do autor) respondeu a essa pergunta quando afirmou: "Na realidade, fiz apenas uma única descoberta: *a função da pulsação orgástica do plasma*. Ela representa o trecho de litoral a partir do qual tudo o mais se desenvolveu".

A *pulsação* é a alternância entre os tempos de tensão-carga-descarga-relaxamento, e o *orgasmo* é a necessidade e o ato de convulsionar as retenções energéticas que se encontram acumuladas em excesso no sistema vivente. Em termos práticos, o que isso significa? O *balanceamento de cargas bioelétricas*. Esse é o mecanismo descoberto por Reich por meio do qual *todos os seres propulsionam e se equilibram*. Na psicanálise, o *investimento* da energia psíquica de uma pulsão em uma necessidade era chamado de *catexia*. De acordo com Roudinesco e Plon (1998, p. 398), o termo significa "comando, investimento ou destino" e foi utilizado por Freud "para designar uma mobilização da energia pulsional que tem por consequência ligar esta última a uma representação, a um grupo de representações, a um objeto ou a partes do corpo".

Mais do que a pulsão, o termo "catexia" nos permite compreender *o propósito* da energia investida pelo sistema vivente, isto é, *o como e o porquê de suas necessidades*. É certo que, para Reich, sobretudo por sua proximidade com a filosofia de Henri Bergson[1], o *dualismo* de Freud precisava ser superado[2].. Por isso, incluiu os aspectos quantitativos (não apenas os qualitativos) e o corpo na compreensão

---

1. "A minha atual teoria da identidade e da unidade do funcionamento psicofísico teve a sua origem no pensamento bergsoniano, e se tornou em uma nova teoria da relação funcional entre o corpo e a mente. Durante algum tempo, fui encarado como um 'bergsoniano maluco'" (Reich, 1988, p. 30).
2. Segundo Reich (1990, p. 7, grifos meus): "O método de pensamento de Freud era essencialmente materialista, mas *dualista*; operava com dois tipos de impulsos que não tinham nenhuma ligação entre si em âmbitos profundos. Inicialmente, havia os 'instintos sexuais' e os 'instintos do ego'; depois, os 'instintos sexuais' e o 'instinto de morte'".

das catexias: "As enfermidades psíquicas revelam apenas qualidades. Todavia, sempre parecem depender dos chamados *fatores quantitativos*, da resistência e da força, da *catexia de energia*, das experiências e ações psíquicas" (Reich, 1988, p. 104, grifos meus).

A pesquisa sobre como se davam o investimento energético e o controle da estase sexual de forma *fisiológica e quantitativa* (não apenas psicológica) foi o que permitiu a Reich progredir da técnica da análise do caráter (centrada na intervenção verbal) para a técnica da vegetoterapia (centrada na intervenção somática). Porém, na passagem para esse segundo momento da técnica, os termos "catexia" e "investimento" pararam de ser utilizados e Reich passou a falar apenas sobre a "excitação biofísica do plasma" e de como esta se expressa na mente como "sensação". De fato, uma emoção (mover-se em direção a) é um movimento do plasma corporal que envolve a unidade funcional como um todo, em nível fisiológico, mental e de *quantum* energético. Desde o importante artigo de 1923, "Sobre a energética das pulsões" (Reich, 1975, p. 149, grifos do autor), ele demonstrou interesse pela "psicologia do ato" (*act psychology*) e pelo *momentum* do organismo: "Se analisarmos essa inclinação, encontraremos inúmeros movimentos, *como se o organismo se esforçasse pelo prazer oferecido. A atração do prazer nada mais é do que o início desse movimento*, e a intensidade do prazer se origina no momento do organismo".

Por que trago esses termos? Porque eles permitem que nos conectemos com diferentes filosofias, em particular com dois conceitos explorados por Spinoza que creio ser importantes para pensarmos a clínica, a política, a sexualidade e os processos somáticos: o de *desejo* e o de esforço em perseverar na existência (*conatus*). Em termos reichianos, isso significa que, quando um ser *deseja*, existe um *quantum* energético que se desloca de maneira vetorial, que é o momento (*momentum*), o *vetor da catexia*. O desejo *em ato* somente existe *com o corpo*. Ao mesmo tempo, um desejo na mente que não motiliza o plasma corporal é apenas uma narrativa verbal fantasiosa que não tem *mo-*

mentum nem força de atualização. Na verdade, o *momentum* existe, mas em uma narrativa fictícia que tem o propósito de produzir *autoengano* para si e para outros, as catexias destinam-se a alimentar e dar força a propósitos não claros e clandestinos.

Dito isso, retorno ao início, quando falei do *balanceamento de cargas bioelétricas no corpo*, que Reich chamou de "função tensão-carga" ou "função do orgasmo". O desejo e o esforço em perseverar geram a propulsão dos seres tanto para se unirem a outros, em uma relação de busca de aumento de complexidade, quanto para a própria autoconservação. O que se *deseja*, o que se *quer* em uma relação, *define como esse balanceamento ocorrerá*. A energia que move o desejo é a própria energia *sexual*: o que um ser quer incorporar em si, a que deseja se unir ou do quer se afastar e se retrair. Os desejos constituem *catexias vegetativas ou orgonóticas* que se deslocam ao longo do corpo na forma de correntes ou ondas bioelétricas. Estas criam *vetores* no plasma corporal, centrífugos e centrípetos, e *vetores* na mente, que são as direções dos propósitos e dos desejos. Como se trata de ondas, há uma alternância de movimentos de tensão-carga e descarga-relaxamento. Assim, tanto o corpo quanto a mente, de forma contínua, retêm e soltam, retêm e soltam informações (sensações) e energia (excitações).

A chave que Reich desvendou, talvez a mais importante, como ele mesmo disse, é que a retenção (contração) e a soltura (expansão) necessitam estar *balanceadas* para que o corpo e a mente *perseverem na existência com equilíbrio*. Creio que isso é importante tanto para a filosofia de Spinoza quanto para diversas filosofias que pensam a potência, a liberdade, a humanidade, o equilíbrio das relações de poder e o que as pessoas *desejam construir como relações sociais*. Em particular, *como* lutar pela própria liberdade ou desejá-la, tema que foi sinalizado por Deleuze e Guattari (1972),[3] com pertinência,

---

3. "Como diz Reich, [...] por que é que há homens que suportam há tanto tempo a exploração, a humilhação, a escravatura, e que chegam ao ponto de as querer não só para os outros, mas também para si próprios? Nunca Reich mostrou ser um tão grande pensador

a partir da leitura que fizeram de Reich em *Psicologia de massas do fascismo* (2001).

Objetivamente, a cultura é algo "invisível" que pode tornar as pessoas mais saudáveis ou mais adoecidas — o que não significa que isso ocorra apenas em um sentido, pois os movimentos produtores de saúde e doença se alternam, a depender de *como os balanceamentos ocorram* na unidade corpomental das pessoas. Aqui também cabe uma consideração feita pelo professor Paulo Albertini em uma conversa que tivemos. Isso ocorre tal como nos conceitos de "organismo encouraçado" e "organismo desencouraçado" de Reich. Em uma leitura rápida e imprecisa, pode parecer que essas condições "encouraçado/desencouraçado" sejam absolutas e unidirecionais, mas elas não existem dessa maneira. São *prevalências* ou estados atuais que surgem em função do *esforço* e do *desejo*, isto é, de "como" a pessoa sente *necessidade* de perseverar.

Se em algum momento ela se sente *impotente* e define essa impotência como ponto de partida para sua ação catéxica, pode ser que diga, *com* ou *sem* palavras: "Estou presa, não há nada a fazer, meu estado é de total impotência. Meu único recurso para perseverar é tentar tomar o chicote da mão de quem me oprimiu e aprender a fazer o mesmo e ansiar por subir na hierarquia de poder. Somente assim serei livre". No corpo, essa ação catéxica se torna uma concentração de catexias bioelétricas *retentivas* que tornam o corpo rígido, inflamado e dolorido. Ela precisa *concentrar* energia para sobreviver. Com o tempo, essa pessoa pode parar de desejar soltar-se, de se entregar, de relaxar — e, com isso, a vida passa a ser uma prisão e um inferno.

Com o tempo, ela pode aprender a anestesiar o que sente, o que diminui a percepção de sua angústia e *invisibiliza* para ela mesma o que passa a fazer, na prática, em termos sociais. Esse é um exemplo

---

como quando se recusa a invocar o desconhecimento ou a ilusão das massas ao explicar o fascismo [...]: não, as massas não foram enganadas, elas desejaram o fascismo num certo momento, em determinadas circunstâncias" (Deleuze e Guattari, 1972, p. 33).

de como a cultura é moldada por pessoas e, no mesmo movimento contínuo, molda os desejos delas, isto é, seu corpo e sua mente. Daí o alerta de Reich: se as pessoas desejam construir culturas não prisionais, não punitivas, não hierárquicas, elas necessitam *fazer contato* com o que sentem, com o que desejam e com o *propósito* do que sentem e desejam. Mas, infelizmente, isso não está dado em nossa cultura moderna, porque suas bases são patriarcais, coloniais, autoritárias e *desautorizam* as pessoas a sentirem e a se orientarem pelo que sentem. Fazer contato indica *maturidade caracterial*; no entanto, é desejável, para a manutenção das relações hierárquicas de poder, que as pessoas permaneçam imaturas e sejam educadas de maneiras imaturas.

A energia bioelétrica que percorre o corpo e o forma, assim como forma os pensamentos, não é algo que exista especificamente no corpo, porque não há um *dentro* e um *fora*. Todos os corpos e mentes estão *imersos em Deus/natureza/éter luminífero* e são *individuações em Deus*. Por isso, a energia bioelétrica é parte de um oceano de energia cósmica que flui em nós, como bem descreveu Reich. A intensidade de como ela flui é definida por nossos desejos e nossas catexias. O que cria o adoecimento, a exaustão, a inflamação e a obstinação são desbalanceamentos da condutividade corporal das correntes orgonóticas que propulsionam a unidade corpomental. Cada desejo equilibrado ocorre por meio de ondas rítmicas balanceadas. Quando a pessoa sente que *precisa* reter, defender-se, aguentar, "dar conta", silenciar-se para *perseverar*, essas ondas se tornam desbalanceadas.

Quando as condições e normas educacionais, de trabalho, econômicas, relacionais *colonizam o imaginário* e defendem que essas maneiras de perseverar são *viáveis e aceitáveis*, ratificam e reproduzem culturas doentes. Elas trabalham *contra* o princípio de balanceamento, pois ensinam os indivíduos a *suportar*, a "matar um leão por dia" e a desejar formas de prazer *compensatórias*. Assim, eles aguardam e nutrem a esperança de que, em algum momento, obterão o balanceamento que necessitam. O balanceamento se faz pela capacidade de desejar, de poder soltar tensões, pleitear, formar as condições que necessita e *experienciar prazer em condições parassimpáticas de segurança e união* com aqueles com quem se deseja proximidade. O balanceamento equilibrado de cargas define a saúde tanto de sistemas corpomentais quanto de sistemas sociais.

Creio que o pensamento de Reich é importante para muitas filosofias que buscam a compreensão na imanência ou que a utilizam como suporte, como são as filosofias da diferença. Cito como exemplo o pensamento de Nietzsche, Foucault, Deleuze, Ricoeur, bem como de Spinoza, Bergson e outros. Digo isso porque, quando Reich busca compreender o que chamou de princípio de funcionamento comum (PFC) na natureza, não apenas toma por base um modo de pensar *imanentista*, como também *transdisciplinar*. As categorias disciplinares privilegiam saberes sectários, derivados de um tipo de conforto autoritário que afirma que o que se sabe sobre sexualidade é o que foi estudado e definido por sexólogos, o que se sabe sobre energia é o que foi estudado e definido por físicos, o que se sabe sobre política é o que foi estudado e definido por cientistas políticos — e o mesmo pode ser dito sobre qualquer área do saber. Essas formas de pensar encerram a investigação e o conhecimento de fenômenos naturais comuns em constructos disciplinares.

Quando Reich se pergunta quais são os PFCs que se expressam não *entre* disciplinas, mas *através* delas, questiona o que há de *comum* ao longo dos fenômenos fisiológicos, psíquicos, sexuais, políticos, sociais e econômicos. Pensar *transdisciplinarmente* é pensar na direção de um cosmos/deus/natureza/consciência imanente que é o fundamento de onde *tudo emerge*. É muito provável que esse tipo de pensamento não agrade médicos, nem psicólogos, nem psicanalistas, nem sexólogos, nem políticos, nem físicos, nem economistas, como se observou nas campanhas internacionais de difamação e perseguição à figura de Reich e a suas ideias. Até hoje isso ocorre, quando vemos pessoas associarem o pensamento de Reich a algum tipo de sexualização lasciva e compulsiva, sem nenhum entendimento maior de sua teoria.

Contudo, a imanência pensada por Reich não era apenas conceitual ou filosófica; significava entrar no domínio profundo da sexualidade e das emoções biofísicas a fim de conhecer a natureza. Para ele, era isso o que realmente assustava a maioria das pessoas. Por isso, sua teoria não visa diretamente a um pensamento transdisciplinar, mas *pensar por dentro e para dentro*. A transdisciplinaridade torna-se uma consequência. Pensar a imanência por dentro é "como uma *razão afetiva*, isto é, como uma forma de se conhecer as coisas buscando suas propriedades comuns, a partir da relação sensível com elas e sem afastar-se desta inserção sensível" (Martins, 2009, grifos meus).

Poder compreender o que se sente e compreender diferentes fenômenos a partir do que se sente são *duas éticas fundamentais* no pensamento de Reich. Encontramos ressonâncias dessa proposta também em Spinoza (2007, p. 373), quando diz: "Tudo o que se segue de uma ideia que é, em nós, adequada, segue-se que cada um tem o poder, se não absoluto, ao menos parcial, de compreender a si mesmo e de compreender seus afetos, clara e distintamente e, consequentemente, de fazer com que padeça menos por sua causa". Spinoza é claro: "Conheça a si mesmo e aos seus afetos". Porém, há uma frase do filósofo que contém um *enigma* que requereria dois ou três séculos para ser elucidado: "Ninguém, entretanto, poderá compreender essa união [corpomente] adequadamente, ou seja, distintamente, *se não conhecer, antes, adequadamente, a natureza do nosso corpo*" (p. 97, grifos meus). Em seguida, estipula, para o desencanto do leitor: "Não posso, entretanto, explicar isso aqui, nem tal explicação é necessária para o que quero demonstrar" (p. 99).

É verdade que Spinoza não precisou explicar *como* funciona a natureza do corpo humano para demonstrar sua ética e, talvez, com os conhecimentos de física e fisiologia disponíveis em sua época, essa explicação seria longa e se desviaria da sua meta. Contudo, foi exatamente a compreensão da natureza do nosso corpo que permitiu a Reich responder indiretamente *à colocação em aberto de Spinoza*. A meu ver, essa é uma contribuição original de Reich tanto à filosofia de Spinoza quanto a muitas outras, porque desenvolve uma maneira de explicar o *"como"* dos mecanismos funcionais da mente e do corpo. Não apenas em relação ao funcionamento conjunto, mas também à "potência", tema comum às filosofias que mencionei: "Como" o corpo diminui ou aumenta a própria potência de agir?" "Como" as pessoas se tornam servis por adesão a uma "servidão voluntária" — como bem lembrou João da Mata a partir da filosofia de Étienne de La Boétie?[4]

Essas perguntas concernem diretamente *a muitas filosofias*; no entanto, *o como no corpo* não é fácil de ser abordado, porque requer, conforme explicitou Reich, pensarmos em catexias energéticas e sua alternância de ritmos balanceados, o que ele chamou de *função da pulsação orgástica do plasma*. O corpo encolhe, contrai, tensiona fáscias, tendões e grupos musculares como estratégia de perseverança, assim como é estratégica a revitalização do corpo a partir do prazer, da entrega e do êxtase, que se expressam em nomes como alegria, felicidade, inspiração, intuição, luminância e entusiasmo. As estratégias se centram no *desejo*, o que não quer dizer nenhum tipo de individualismo excludente. São os *desejos*, as catexias bioelétricas em ato, que nos permitem fazer talvez a pergunta psicopolítica funcional mais importante: "*O que se quer viver dentro do próprio corpo e da própria mente?*" Trata-se de uma pergunta que pode nos levar a muitos níveis de aprofundamento e desenvolvimento.

---

4. "É difícil ler Reich e não se lembrar do jovem filósofo Étienne de La Boétie, autor do clássico *Discurso sobre a servidão voluntária* [...], escrito originalmente na metade do século XVI" (Cesse Neto, 2014, p. 145).

Referências

Cesse Neto, João da Mata Rosa. *A arte-luta da capoeira angola e práticas libertárias*. Tese (doutorado em Psicologia) — Universidade Federal Fluminense, Niterói, 2014.

Deleuze, Gilles; Guattari, Felix. *O Anti-Édipo — Capitalismo e esquizofrenia*. Tradução de Joana M. Varela e Manuel M. Carrilho. Lisboa: Assírio e Alvim, 1972.

Martins, André. "Multi, inter e transdisciplinaridade sob um olhar filosófico". In: Veit, Maria Teresa (org.). *Transdisciplinaridade em oncologia — Caminhos para um atendimento integrado*. São Paulo: Abrale, 2009, p. 24-30.

Reich, Wilhelm. "Concerning the energy of drives". In: *Early writings*. Nova York: Farrar, Straus and Giroux, 1975. v. 1.

_____. *A função do orgasmo*. 12. ed. São Paulo: Brasiliense, 1988.

_____. *Orgonomic functionalism — A journal devoted to the work of Wilhelm Reich*, Rangeley: The Wilhelm Reich Infant Trust Fund, 1990. v. 1.

_____. *Psicologia de massas do fascismo*. 3. ed. São Paulo: Martins Fontes, 2001.

_____. *O éter, Deus e o diabo — Seguido de A superposição cósmica*. 3. ed. São Paulo: Martins Fontes, 2003.

Roudinesco, Elizabeth; Plon, Michel. *Dicionário de psicanálise*. Rio de Janeiro: Zahar, 1998.

Spinoza, Baruch. *Ética*. 3. ed. Belo Horizonte: Autêntica, 2007.

12. Wilhelm Reich: passado, presente e futuro

DANTE MORETTI

Freud, Reich e Lowen

O impacto da psicanálise na sociedade ocidental... Lembro-me claramente do início do filme *Freud — The secret passion*, de 1962, dirigido por John Huston, em que Montgomery Clift interpreta Sigmund Freud. A primeira grande falha narcísica da humanidade veio com Copérnico: a Terra não é o centro do universo. A segunda foi por meio de Darwin: o homem não foi criado por um Deus à sua imagem e semelhança. E a terceira foi creditada a Freud: o homem já não é o senhor dentro da própria casa.

O inconsciente estava submerso e, como o iceberg, escondia sua magnitude em águas profundas. De Viena, no então Império Austro-Húngaro, brumas de mil megatons obscureceram a intelectualidade humana para sempre, ou até hoje. Se considerarmos a vasta gama de revistas acadêmicas, periódicos, livros e conferências dedicados à psicanálise ao longo dos anos, é razoável supor que o número de artigos científicos publicados sobre Freud e a psicanálise até o momento esteja na faixa de dezenas de milhares, senão mais.

Freud dizia que somos determinados por uma amálgama de impulsos, padrões, ritmos, desejos, vontades e ondas, que desconhecemos. E sem remédios, com sessões semanais por aproximadamente um ano,[1] nos apresenta, pasmem, a cura pela palavra.

Hoje, a International Psychoanalytical Association (IPA) conta com 12 mil integrantes, que investem o valor de um carro de luxo para obter seu título de psicanalista (Calligaris, 2021). Se ampliarmos o escopo para psicólogos com orientação psicanalítica, estamos falando de milhares de profissionais.

Dentre seus discípulos, muitos deles mentes à frente de seu tempo, nos debruçaremos sobre o dr. Wilhelm Reich. Escrever seu nome me arrepia. Mas sou suspeito, pois sua abordagem e as revoluções que provocou mudaram minha vida. Ouçamos, então, grandes nomes da psicologia mundial. Comecemos com Ola Raknes (1988, p. 49):

> Encontrei Reich pela primeira vez no ano de 1934, em Oslo, durante a Páscoa, no congresso dos psicanalistas escandinavos. Já o conhecia de nome [...] se falava muito dele, especialmente entre

---

[1]. "Das 721 análises realizadas na policlínica de fevereiro de 1922 a janeiro de 1930 [...] 363 tratamentos foram concluídos com sucesso [...] 70 pacientes foram tratados por 6 meses; 108 por um ano inteiro; 74 por 1,5 ano; 51 por 2 anos; 29 por 2,5 anos; 15 por 3 anos; e 16 foram analisados por mais de 3 anos" (Danto, 2019, p. 254).

os psicanalistas mais jovens. Reich, entre esses, tinha a reputação de clínico e mestre de relevo, além de excepcional, não obstante algumas vezes audacioso e teórico [...] O que me impressionou mais que tudo [...] foi a sua extraordinária vitalidade, a sua vivacidade e o seu fascínio. Apesar de naquela época sentir-me desajeitado e embaraçado na presença de pessoas importantes, havia nele qualquer coisa de quente e de amigável que tornava fácil falar-lhe.

Agora Fritz Perls (1998, p. 51): "Reich era vital, rebelde, estava vivo. Estava desejoso de discutir qualquer coisa [...] Seu livro *Análise do caráter* foi uma importante contribuição [...]".

Reich ingressou na faculdade de Medicina em 1918. Em 1919, com 22 anos, começou a participar dos seminários sobre sexologia. Foi eleito presidente desses eventos e teve seu primeiro contato com Freud (que tinha então 63 anos). Nas palavras de Reich (*apud* Higgins e Raphael, 1979, p. 30): "Foi um contato imediato. Ele tinha vivacidade, a qual um ser humano comum não tinha. Sim, seus olhos eram claros. Ele não tinha nenhuma pose [...]".

Em 1920, Reich ingressa na Sociedade Psicanalítica de Viena.

Naquele momento, Freud tinha tanta estima e consideração por Reich que o autorizou a começar uma prática analítica antes de se graduar na faculdade de Medicina: ele era um discípulo precoce. Eufórico, com toda razão, exclamou: "Estou vivo! Tenho dois pacientes pagantes que me foram enviados pelo próprio Freud". (Danto, 2019, p. 98)

Freud e Reich desenvolveram íntima e vibrante relação. "Reich era um 'filho predileto' e tinha livre acesso à casa de Freud; ele podia ir lá para discutir problemas com Freud sempre que surgisse a necessidade[...]" (Ollendorff, 1969, p. 13). Reich era um "jovem analista brilhante", segundo Freud (Danto, 2019, p. 76). Ainda nas palavras do professor Freud: "[Reich] provou sua excelência em uma série de palestras para a sociedade [psicanalítica], assim como em publicações. Não hesito em confirmar que sua reivindicação do título de especialista é totalmente bem fundamentada" (Danto, 2011, p. 171-172).

Mas não era somente o dr. Freud que exaltava o brilhantismo de Wilhelm Reich: "Ferenczi, que estava fazendo conferências em Nova York entre 1926 e 1927, aconselhava os analisandos americanos que visitavam Viena a procurarem Reich para suas análises pessoais" (Albertini, 2016, p. 44).

Em 27 de julho de 1927, Freud escreve para Reich: "[...] Você está encarregado da tarefa de ensinar aos jovens analistas como praticar a análise. O julgamento geral é que ninguém em Viena pode fazê-lo melhor [...]" (Danto, 2011, p. 175).

Muitas revoluções aconteceram naqueles tempos em preto e branco. Guerras mundiais, nazifascismo, o câncer de Freud, sua convalescença e brigas (muitas brigas) dentro da família psicanalítica. Freud abandona a teoria original da libido (paradigma pulsional), retira da sexualidade seu foco e sua opinião sobre Reich (um comunista eloquente) muda de modo considerável. Reich é visto como uma ameaça ao movimento dos judeus analistas que tentavam sobreviver ao nazismo. Um ano depois, Freud escreve para Lou Salomé: "Temos aqui um dr. Reich, um bravo mas impetuoso montador de cavalos de batalha que agora venera no orgasmo genital o contraveneno de toda neurose" (Roudinesco, 2016, p. 387).

> [Em 1929] Reich votava uma admiração sem limites a Freud, enquanto Freud o tratava rispidamente. Temia sua loucura, sua celebridade e seu engajamento político. Quanto a seus discípulos, fizeram tudo para se livrar de um homem que incomodava [...] abalava [...] e reatava com as origens [...] da doutrina freudiana, cuja importância eles buscavam relativizar. (Roudinesco, 2016, p. 403)

Após sua última conversa com Freud, Reich (*apud* Higgins e Raphael, 1979, p. 108) compartilha:

> Falamos durante cerca de uma hora, talvez hora e meia, e fui-me embora [...] De certo modo, sabia que não voltaria a vê-lo. Afastei--me. E enquanto me afastava, olhei para a janela e vi-o a caminhar de um lado para outro naquele quarto [...] Deu-me a impressão de um animal enjaulado [...]

Freud, por sua vez, pede a Ernest Jones, presidente da IPA: "Livre-me de W. Reich" (Roudinesco, 2016, p. 414). Reich é expulso da organização e difamado até hoje nos círculos psicanalíticos. Segundo sua penúltima companheira:

> Pelo que entendi, ele ficou fascinado com a teoria da libido de Freud — e buscou o fundamento biológico desse conceito teórico das pulsões sexuais. Essa busca o levou à descoberta das funções bioenergéticas, ao desenvolvimento da teoria do orgasmo, à descoberta do que ele denominou energia vital ou energia orgone, que ele então perseguiu em suas várias manifestações, ao longo de sua vida, nos seres humanos, em sua psique e em seu soma, na natureza, na atmosfera e, eventualmente, no espaço sideral. Ele falou de nossa vida em um vasto oceano de energia orgone do qual toda a natureza viva extrai sua energia de sustentação. (Ollendorff, 1969, p. 9)

Diz Albertini (2016, p. 62):

> Sobre a pouca importância conferida aos aspectos quantitativos, Freud, em 1937, no artigo "Análise terminável e interminável", registrou a seguinte autoavaliação crítica: "Nossos conceitos teóricos negligenciaram dar à linha econômica de abordagem a mesma

importância que concederam às linhas dinâmica e topográfica. Minha desculpa, portanto, é a de que estou chamando a atenção para essa negligência".

Reich segue seu caminho, cada vez mais imerso no campo da biologia. Conectando psíquico e somático.

Sempre venerando a genialidade do professor Freud, Reich o cita em seu, talvez, mais brilhante livro (o mais vendido, com certeza): "O sintoma *podia* desaparecer quando seu conteúdo do inconsciente tivesse se tornado consciente, mas [...] não desapareceria *necessariamente*" (Reich, 1998, p. 24). Com sua profunda experiência e seu conhecimento em psicanálise, Reich havia se debruçado sobre os casos que não apresentavam resultados. Ele descobre por que apenas tornar o inconsciente consciente não bastava: "O paciente deve não apenas recordar, mas também experimentar aquilo de que se recorda" (Reich, 1998, p. 51). Assim, em Oslo, na Noruega, faz suas pesquisas com o potencial elétrico da pele, quantifica a libido e cria a vegetorerapia caracteroanalítica.

Reich foi um gênio à frente de seu tempo. Ele inaugurou uma nova via de acesso ao inconsciente, o corpo. Suas pesquisas envolveram física, química, biologia, astrologia, meteorologia, fisiologia, sociologia, psicologia, entre outras. Em 1939, a convite de Theodore Wolfe, Reich vai para Forest Hills, Nova York, lecionar análise do caráter. Nunca mais voltou à Europa. Em setembro, recebe a notícia da morte de Freud, ocorrida em Londres. Em 1940, constrói o acumulador de orgone e começa a trabalhar experimentalmente contra o câncer.

Contrário às pesquisas com a energia atômica, Reich buscava neutralizar o efeito da bomba com a energia orgone. Crítico do moralismo hipócrita norte-americano, caçado, difamado, preso, com seus livros queimados, morreu na cadeia em 1957.

Ele sabia, e disse isso repetidamente, que não podia esperar reconhecimento em seu tempo, sobretudo daqueles cuja segurança ele estava perturbando. Seu exemplo sempre foi Edison. O inventor da lâmpada elétrica poderia esperar o reconhecimento do fabricante de lâmpadas a gás? (Ollendorff, 1969, p. 40)

Vejamos o que diz Boadella (1985, p. 303-304):

> Na prisão [...] começou a escrever seu último livro, que chamou *Criação*. [...] Na sexta-feira, 1º de novembro, Reich recebeu uma visita de três horas de sua última esposa, Aurora Karrer. Disse a ela [...] que tinha medo que pudessem matá-lo, apesar de no momento sentir-se "forte como um touro". Seu otimismo não havia morrido. Olhava o futuro pensando em terminar sua vida e seu trabalho quando finalmente fosse libertado. Na noite seguinte, 2 de novembro de 1957, foi dormir e não acordou mais. Morreu de uma insuficiência cardíaca nas primeiras horas da manhã seguinte. [...] O último livro de Reich nunca foi recobrado das mãos das autoridades da prisão e provavelmente foi destruído por elas.

Ollendorff (1969, p. 157) explica:

> Não vi o laudo da autópsia, mas me disseram que revelava a presença de broncopneumonia e endurecimento da aorta. A pedido especial, foi feito um teste para a presença de substâncias tóxicas, mas o resultado foi negativo. O atestado de óbito informava que ele havia morrido de insuficiência miocárdica com insuficiência cardíaca súbita associada à arteriosclerose generalizada e esclerose dos vasos coronários.

O dr. Reich faleceu aos 57 anos, no meio de suas pesquisas. Segundo Volpi (2000), sua obra pode ser dividida em cinco momentos:

1) psicanálise; 2) economia sexual; 3) análise do caráter; 4) vegetoterapia caracteroanalítica; e 5) orgonomia.

Cada um dos seus discípulos continuou uma parte de sua obra. A dra. Eva Reich (sua filha) se dedicou ao estudo dos bebês e compilou os conhecimentos do pai no livro *A energia vital pela bioenergética suave* (1999). O dr. Myron Sharaf foi o responsável pela melhor biografia já escrita sobre o mestre, *Fury on Earth — A biography of Wilhelm Reich* (1994), ainda sem tradução para o português. Cabe aqui ressaltar a ótima biografia de sua companheira Ilse Ollendorff (1969), até o momento também sem tradução para o português e amplamente citada neste capítulo. Nela podemos conhecer o homem Reich por detrás do cientista. Menciono também o dr. Elsworth Baker, talvez o único, dentre tantos, que ficou ao lado de Reich até o fim. Foi ele quem leu o testamento deste no funeral. É considerado o herdeiro da orgonomia, e sistematizou seu aprendizado de anos de prática e estudo junto a Reich no livro *O labirinto humano — Causas do bloqueio da energia sexual* (1980).

Aqui cabe um adendo. O dr. Baker teve um paciente, Orson Bean, que escreveu um livro sobre sua experiência com a orgonomia — em minha pesquisa, o melhor material sobre a prática clínica de Reich. Diferentemente deste, em *A biopatia do câncer*, e do próprio Baker, em *O labirinto humano*, Bean relata suas sessões com infinitos detalhes. É como se pudéssemos ocupar o corpo do paciente; eu me senti paciente de Baker e me lembrei de várias sessões de psicoterapia corporal com terapeutas "mais reichianos" que encontrei pelo caminho. O livro se chama *O milagre da orgonoterapia* (1973).

Mas voltemos ao *script*. Ola Raknes, que não era médico (Reich só aceitava médicos como alunos), do grupo da Escandinávia, amigo íntimo e aluno de Reich, conheceu a vegetoterapia na prática com o próprio mestre, resumindo seus *insights* no livro *Wilhelm Reich e a orgonomia* (1988). Raknes formou Gerda Boyesen, David Boadella e o dr. Federico Navarro. Gerda criou a biodinâmica, uma das mais importantes abordagens neorreichianas — ao lado da biossíntese de Boadella e da análise bioenergética do dr. Alexander Lowen.

Navarro, a pedido de Raknes, sistematizou a vegetoterapia e viveu no Brasil, onde formou muitos analistas. Considero sua escrita genial, mas difícil e confusa, por isso sugiro, para entendê-lo, a diversa bibliografia do casal Volpi.

Da "linhagem" de Navarro, o dr. Genovino Ferri carrega muito conhecimento e atualiza a clínica reichiana. Aplicar a teoria do caráter à relação terapêutica foi genial. Campos energéticos dentro de campos energéticos, a neguentropia sistêmica e muitos outros *insights* estão em seu livro *Psicopatologia e caráter* (2011, escrito em coautoria com Giuseppe Cimini), minha dica de leitura sobre sua obra.

Antes de me debruçar sobre a obra de Lowen, preciso falar do último integrante dessa lista *vip* dos discípulos de Reich, o dr. John Pierrakos, que, junto com Lowen, criou a bionergética. Porém, Depois de conhecer a esposa, Eva, e ter contato com uma "entidade" que ela chamava de "guia", eles se separaram. Seu livro *Core energetics* (2021), que é também o nome de sua abordagem, é genial; gosto muito das imagens sobre os campos energéticos.

Mas vamos então ao dr. Alexander Lowen, discípulo mais popular de Reich. Existem diversas escolas neo e pós-reichianas pelo mundo, todas com muitas contribuições e desdobramentos importantes, mas imaginem se essas escolas, aplicando as mesmas técnicas e evoluindo com a cultura, pudessem trocar conhecimento constantemente entre si?

Imaginem se Reich presidisse encontros anuais sobre suas pesquisas e descobertas por mais de 40 anos com seus alunos espalhados pelo mundo? Isso é o que Lowen e seus alunos conseguiram no International Institute for Bioenergetic Analysis (IIBA). Em 1956, eles criaram — com dois outros alunos de Reich, dr. John Pierrakos e dr. William Walling — o Instituto de Análise Bioenergética (IBA), do qual Lowen foi o presidente.

O principal motivo para a criação desse instituto foi a preocupação com a qualidade da terapia oferecida. Que tipo de profissional carregaria o nome da escola? Infelizmente, Lowen tinha o costume de dar o título de analista bioenergético para quem o acompanhava de perto (ou para quem carregava seu *stool*[2] por três meses, como os alunos brincavam). Ele dizia: "Pode dar o título a ele".

Com a popularização da técnica, muitas vezes interesseiros se aproveitavam da ingenuidade do mestre para ganhar dinheiro vendendo análise bioenergética. Conscientes dessa influência negativa na aplicação e na difusão da abordagem, Lowen e um grupo de discípulos internacionalizaram o Instituto de Análise Bioenergética (IBA), criando, em 1976, o Instituto Internacional de Análise bioenergética (IIBA).

A análise bioenergética é uma comunidade global de psicoterapeutas corporais que se encontram a cada dois anos há mais de 50 anos. São 1.400 membros ativos, chamados de *certified bioenergetic therapist* (CBTs), e aproximadamente 5 mil terapeutas que trabalham com a abordagem sem vínculo institucional, divididos em mais de 20 países pelo mundo: Estados Unidos, Alemanha, França, Itália, Brasil, Argentina, Rússia, Canadá, Polônia, Nova Zelândia, China, Portugal, Espanha, Colômbia, Israel, Bélgica, Venezuela, Suíça etc.

Lowen teve um profundo contato com Reich: "A bioenergética é baseada no trabalho de Wilhelm Reich, que foi meu professor de 1940 a 1952 e meu analista de 1942 a 1945. Conheci-o em 1940, na New School for Social Research, em Nova York, onde ministrava um curso sobre análise do caráter. [...]" (Lowen, 2017, p. 11).

A análise bioenergética conta com o mesmo currículo em todo o mundo. Esse currículo é elaborado, revisado e atualizado pelo *faculty*, grupo de aproximadamente 40 *international trainers* que compõem o IIBA. Como toda instituição bem organizada, existe

---

2. *Stool*, ou banquinho bioenergético, é um banco acolchoado sem encosto criado por Lowen para flexibilizar a couraça.

também o *Board of Trustees* (BOT), que administra os fundos e as demais atividades da escola.

Nas conferências internacionais — que contaram com a presença de Lowen até pouco antes de sua morte, em 2008, aos 97 anos —, membros de todo o mundo colocam à prova suas técnicas e, nessas trocas, podemos ver como a mesma técnica é aplicada em diferentes sujeitos de culturas diversas. Lowen viajou o mundo espalhando e divulgando a análise bioenergética, tendo ele mesmo supervisionado e treinado muitos dos membros da organização. Nessas viagens, ele viu muita gente aplicando uma técnica que nada tinha que ver com a que ele havia desenvolvido. Assim, podemos ver como cada colega internaliza e modifica a técnica conforme seu caráter. Observar os companheiros trabalhando é muito didático. É quase possível ver com os próprios olhos a linhagem passando de geração para geração, pois, na grande maioria, os integrantes das conferências do IIBA foram discípulos diretos de Lowen, que fora discípulo de Reich, que por sua vez foi discípulo de Freud. Dessa forma, as novas gerações que chegam têm contato com discípulos diretos do criador da abordagem.

Em muitas conferências, os alunos do professor Lowen comentam suas interações com o mestre. Como ele reagia a suas ideias, como os corrigia, como aprendia com eles e, inclusive, como usava as técnicas que desenvolviam em sua prática. Nas supervisões dentro da formação internacional do instituto, podemos ouvir nossos supervisores citando falas de Lowen e supervisões deste.

Certa vez, um aluno de Lowen o questionou sobre os sonhos: como trabalhar com eles na análise bioenergética? Houve uma acalorada troca de ideias. Lowen, a princípio, estava cético: "O corpo! O que mais nos importa é o corpo!" No próximo encontro dos dois, o aluno se espantou ao ver seu professor explorando o sonho do paciente corporalmente.[3]

---

3. Esse relato completo está disponível no YouTube: https://youtu.be/4pLkhGgF5iU?-si=shFgEVCk2_cx7iA0. Acesso em: 2 jul. 2024.

É interessante ressaltar que Lowen se dedicou à vegetoterapia. Aplicou toda sua sabedoria e genialidade em transcender o que aprendeu com Reich para a psicologia clínica corporal — diferentemente deste, que ampliou suas pesquisas para muito além da psicologia clínica com sujeitos humanos no *setting*.

É fácil diferenciar aqueles que não fazem parte da instituição: são profissionais que leram os livros de Lowen, fizeram psicoterapia com pessoas que realizaram uma leitura própria da técnica e se autointitulam analistas bioenergéticos. Esses profissionais nunca tiveram contato com alguém que esteve com Lowen. Muitos deles são geniais, originais, criativos (conheço alguns), mas não chamaria o que fazem de análise bioenergética. Talvez psicoterapia corporal de orientação em análise bioenergética fosse mais adequado, pois se percebe com facilidade o distanciamento da abordagem original. A aplicação de técnicas criadas nos Estados Unidos da década de 1950 está bem exposta na escrita genial dos livros de Lowen, mas sem as atualizações feitas pelo próprio Lowen — atualizações necessárias e estruturais que modificaram completamente a abordagem. Tanto que, hoje, os membros do IIBA se referem à sua técnica como análise bioenergética moderna.

Falemos agora da formação. Ela dura quatro anos e são necessárias horas de psicoterapia individual com um CBT e horas de atendimento supervisionado também com um supervisor credenciado pela instituição. Devido ao curto espaço, não posso compartilhar o currículo completo, mas segue o currículo básico do IIBA:

1. História da análise bioenergética e princípios básicos reichianos
2. Código de ética do IIBA — apresentar e discutir o código de ética
3. Conceitos energéticos relacionados à psicoterapia corporal
4. *Grounding* e respiração, sua anatomia básica e sua relação com a integração sensorial e com a autorregulação sensório-emocional

5. Teoria do apego, vínculo de apego
6. Cooperação no triângulo familiar em uma perspectiva sistêmica
7. Períodos de desenvolvimento infantil e adolescente
8. Teoria e tratamento do trauma
9. Questões éticas no processo terapêutico (ética profissional e pessoal)
10. Ler o corpo, seus princípios éticos e fazer conexão com a história pessoal
11. Estrutura do caráter: caráter esquizoide, oral, *borderline*, masoquista, narcisista, psicopata, personagens rígidos (três personagens masculinos: fálico narcisista, compulsivo, passivo feminino; e três personagens femininas: histérica, oral rígido, masculino ativo)
12. Modelo de sessão de bioenergética, cenário, entrevista inicial, questões de encerramento
13. Trabalhando com resistências (negatividade) e defesas
14. Relação intersubjetiva, ressonância
15. Transferência e contratransferência, ressonância, incluindo transferência sexual e contratransferência
16. Psicossomática, sintomas somáticos e transtornos relacionados (SSD)
17. Noções de psicopatologia e diagnóstico — DSM-5
18. Questões de luto e morte
19. Debate de questões sociais
20. Supervisão ao vivo — preparação para avaliação final do TCC

Percebam que o currículo extrapola as ideias de Reich e Lowen e inclui modernos avanços e descobertas no campo da saúde humana. A análise bioenergética praticada 50 anos atrás não existe mais dentro da escola. Esalen e os movimentos de contracultura fazem parte do passado, assim como o ser humano moderno e a cultura moderna são totalmente diferentes da época em que Reich e Lowen criaram suas abordagens.

Parece óbvio pensar assim; afinal, as abordagens são criadas em determinado contexto histórico para os sujeitos daquela época e precisam ser constantemente atualizadas, mas infelizmente muitos terapeutas (às vezes bem-intencionados) fazem cursos de um ano e se autoproclamam analistas bioenergéticos. Todos aqui devem ter ouvido histórias tristes de aplicações de análise bioenergética "selvagem". Thérèse Bertherat (2001), a grande fisioterapeuta francesa, costumava dizer que o problema da bioenergética é que ela funciona. Aventureiros, sem conhecimento de psicanálise, de psicodinâmica e, muitas vezes, sem ter experienciado eles mesmos o processo terapêutico da análise bioenergética aplicam os exercícios focalizando o caráter que mais se sobressai na personalidade dos pacientes. Por isso, causam enormes problemas e prejudicam sobremaneira não só a saúde desses sujeitos como também a reputação da abordagem psicocorporal.

Mas voltemos à formação. Após muitas práticas, no ano final do curso, são solicitadas aos *trainees* duas provas práticas, a saber: dois atendimentos diante dos colegas e observados por dois *international trainers*, pois o aluno aspirante a CBT precisa provar seu domínio da psicodinâmica e do trabalho corporal; é também obrigatório um trabalho escrito de conclusão de curso, em que o aluno precisa demonstrar sua compreensão teórica sobre a abordagem. Talvez esse TCC seja publicado no *Clinical Journal*, o peródico da escola, que existe há mais de 50 anos e hoje tem todos os seus mais de 500 artigos disponíveis no site da instituição.[4]

Existe uma hierarquia na escola: *trainee*, CBT, supervisor, *local trainer* e *international trainer*. Espero desenvolver esse tema em uma futura publicação.

---

4. Saiba mais em: https://bioenergetic-analysis.com/issue/archive. Acesso em: 30 jun. 2024.

Referências

Albertini, Paulo. *Na psicanálise de Wilhelm Reich*. São Paulo: Zagodoni, 2016.

Baker, Eisworth F. *O labirinto humano — Causas do bloqueio da energia sexual*. 4. ed. São Paulo: Summus, 1980.

Bean, Orson. *O milagre da orgonoterapia*. Rio de Janeiro: Artenova, 1973.

Bertherat, Thérèse; Bernstein, Carol. *O corpo tem suas razões — Antiginástica e consciência de si*. São Paulo: Martins Fontes, 2001.

Boadella, David. *Nos caminhos de Reich*. 3. ed. São Paulo: Summus, 1985.

Calligaris, Contardo. *Cartas a um jovem terapeuta — Reflexões para psicoterapeutas, aspirantes e curiosos*. 2. ed. São Paulo: Paidós, 2021.

Danto, Elizabeth Ann. "An anxious attachment — Letters from Sigmund Freud to Wilhelm Reich". *Contemporary Psychoanalysis*, v. 47, n. 2, 2011.

_____. *As clínicas públicas de Freud — Psicanálise e justiça social*. São Paulo: Perspectiva, 2019.

Ferri, Genovino; Cemino, Giuseppe. *Psicopatologia e caráter — A psicanálise no corpo e o corpo na psicanálise*. São Paulo: Escuta, 2011.

Higgins, Mary; Raphael, Chester. *Reich fala de Freud*. Lisboa: Moraes, 1979.

Lowen, Alexander. *Bioenergética*. 12. ed. rev. São Paulo: Summus, 1982.

Ollendorff, Ilse. *Wilhelm Reich — A personal biography*. Nova York: St. Martin's Press, 1969.

Perls, Fritz. *Dentro y fuera del tarro de la basura*. 12. ed. Santiago: Cuatro Vientos, 1998.

Pierrakos, John C. *Core energetics — Developing the capacity to love and heal*. 2. ed. Mendocino: LifeRhythm, 2011.

RAKNES, Ola. *Wilhelm Reich e a orgonomia*. 2. ed. São Paulo: Summus, 1988.

REICH, Eva. *A energia vital pela bioenergética suave*. São Paulo: Summus, 1999.

REICH, Wilhelm. *Análise do caráter*. 3. ed. São Paulo: Martins Fontes, 1998.

ROUDINESCO, Elisabeth. *Sigmund Freud na sua época e em nosso tempo*. Rio de Janeiro: Zahar, 2016.

SHARAF, Myron. *Fury on Earth — A biography of Wilhelm Reich*. Boston: Da Capo Press, 1994.

VOLPI, José Henrique. *Psicoterapia corporal — Um trajeto histórico de Wilhelm Reich*. Curitiba: Centro Reichiano, 2000.

Os autores

Acácio Augusto é professor no Departamento de Relações Internacionais da Universidade Federal de São Paulo (Unifesp) e professor no Programa de Pós-Graduação em Psicologia Institucional da Universidade Federal do Espírito Santos (Ufes). Coordena o Laboratório de Análise em Segurança Internacional e Tecnologias de Monitoramento (LASInTec). Integra o Núcleo de Sociabilidade Libertária do Programa de Estudos Pós-Graduados em Ciências Sociais da Pontifícia Universidade Católica de São Paulo (Nu-Sol) desde 2002.
Contato: acacioaugusto1980@gmail.com

Cassio Brancaleone é professor e pesquisador na Universidade Federal da Fronteira Sul (UFFS). É mestre em Sociologia pelo Instituto Universitário de Pesquisas do Rio de Janeiro (Iuperj) e doutor em Sociologia pela Universidade Estadual do Rio de Janeiro (Uerj), com

pós-doutorado em Ciência Política pela Universidade de São Paulo (USP). Autor de *Anarquia é ordem — Reflexões contemporâneas sobre teoria política e anarquismo* (Brazil Publishing, 2021).
Contato: cassiobrancaleone@gmail.com

Claudio Mello Wagner é psicólogo. Mestre e doutor em Psicologia Clínica pela Pontifícia Universidade Católica de São Paulo (PUC-SP), é analista reichiano e há mais de 40 anos se dedica à clínica. É professor de cursos de especialização em terapias psicorporais em diversas instituições. Autor de *A transferência na clínica reichiana* (2023), *Futebol e orgasmo — Ensaio sobre orgonomia e futebol* (1998) e *Freud e Reich — Continuidade ou ruptura?* (1996), todos publicados pela Summus.
Contato: claudiomellowagner@gmail.com

Dante Moretti é psicólogo, *certified bioenergetic therapist* (CBT), supervisor e *local trainer* em análise bioenergética.
Contato: dante_moretti@yahoo.com.br

Edson Passetti é coordenador do Núcleo de Sociabilidade Libertária do Programa de Estudos Pós-Graduados em Ciências Sociais da Pontifícia Universidade Católica de São Paulo (Nu-Sol) e professor livre-docente aposentado.
Contato: edson.passetti@uol.com.br

Flávia Lucchesi é doutora em Ciências Sociais pela Pontifícia Universidade Católica de São Paulo (PUC-SP) e pesquisadora do Núcleo de Sociabilidade Libertária do Programa de Estudos Pós-Graduados em Ciências Sociais da mesma instituição.
Contato: flalucchesi@gmail.com

João da Mata é psicólogo, mestre em Filosofia pela Universidade Gama Filho (UGF), doutor em Psicologia pela Universidade Federal

Fluminense (UFF) e doutor em Sociologia (Universidade de Lisboa), com pós-doutorado em História pela UFF. Trabalha com somaterapia há mais de 30 anos.
Contato: jodamata@hotmail.com

José Vicente Carnero é psicólogo e terapeuta reichiano. Mestre e doutor em Psicologia Clínica pela Universidade Federal Fluminense (UFF), é professor da Escola Pós-Reichiana Federico Navarro (Efen). Autor do livro *Para conhecer escute seu corpo — diálogos entre Wilhelm Reich e Baruch Spinoza* (Editora da UFPR, 2021).
Contato: vicente.carnero@yahoo.com.br

Juniele Rabêlo de Almeida é professora do Instituto de História da Universidade Federal Fluminense (UFF), doutora em História Social pela Universidade de São Paulo (USP) e mestre em História pela Universidade Federal de Minas Gerais (UFMG). É pós-doutora em História (UFMG/UC Berkeley).
Contato: junielerabelo@gmail.com

Ricardo Amaral Rego é médico, analista biodinâmico e doutor em Psicologia pela Universidade de São Paulo (USP). Diretor do Instituto Brasileiro de Psicologia Biodinâmica (IBPB), é autor de livro *Deixa vir... Elementos clínicos de psicologia biodinâmica* (Axis Mundi, 2014).
Contato: ric.rego@uol.com.br

Sílvio Gallo é professor titular aposentado da Faculdade de Educação da Universidade Estadual de Campinas (Unicamp). Hoje, atua no Programa de Pós-Graduação da Unicamp e é pesquisador bolsista de produtividade (PQA) do CNPq. Dedica-se a estudos sobre a filosofia francesa contemporânea e sobre o anarquismo.
Contato: silvio.gallo@gmail.com

Simone Aparecida Ramalho é psicóloga, mestre e doutora em Psicologia pela Universidade de São Paulo (USP). É professora do Instituto Saúde e Sociedade da Universidade Federal de São Paulo (Unifesp), campus Baixada Santista.
Contato: simone.ramalho@unifesp.br

www.gruposummus.com.br